Christiane Lemcke
Lutz Rohrmann

Deutsch intensiv

Grammatik A1

Das Training.

Alles Digitale zu diesem Buch kann auf der Lernplattform **allango** von Ernst Klett Sprachen abgerufen werden. So geht's:

QR-Code scannen oder **www.allango.net** aufrufen	Buchtitel oder ISBN in der Suche eingeben und auf das Buchcover klicken	Zum Inhalt navigieren, direkt abrufen oder speichern

Zu diesem Buch auf allango verfügbar: **Grammatik-Videos**.

Ernst Klett Sprachen
Stuttgart

TIPP Hier werden Sie an wichtige Grammatikregeln erinnert.

P Übungen mit diesem Zeichen orientieren sich an Prüfungsformaten.

Zu ausgewählten Themen gibt es zusätzlich Grammatik-Videos online (siehe dazu Seite 1).

1. Auflage 8 | 2025

Nachfolger von 978-3-12-605165-1
Alle Drucke dieser Auflage sind unverändert und können im Unterricht nebeneinander verwendet werden.
Die letzte Zahl bezeichnet das Jahr des Druckes.
www.klett-sprachen.de

Autoren: Christiane Lemcke, Lutz Rohrmann

Redaktion: Natalie Thomas
Layoutkonzeption: Greta Gröttrup
Illustrationen: Fritz Steingrobe
Gestaltung und Satz: Datagroup Int, Timișoara
Umschlaggestaltung: Greta Gröttrup
Druck und Bindung: Plump Druck & Medien GmbH, Rheinbreitbach

PEFC Förderung nachhaltiger Waldbewirtschaftung PEFC/04-31-3752 www.pefc.de

Printed in Germany
ISBN 978-3-12-675057-8

Inhalt

Es gibt auf der Welt heute etwa 6500 Sprachen.
Alle Sprachen bestehen aus **Lauten**.

Die Laute bilden **Wörter**.

Alle deutschen Wörter haben einen **Rhythmus**: betonte und unbetonte Silben.

Die betonte Silbe hat den **Wortakzent**.

Der Wortakzent ist immer auf einem Vokal: a, ä, e, i, o, ö, u, ü.

Es gibt lange Vokale (Buch) und kurze Vokale (ich).

Buch

lesen

ein

Deutschland

in

leben

Berlin

Stadt

groß

ich

Oskar

heißen

Die Wörter kann man ordnen: Wortarten

Namen:	Oskar, Berlin, Deutschland
Nomen:	Buch, Deutschkurs, Liebe, Geld
Artikel:	der, das, die, ein, kein
Verben:	lesen, sprechen, helfen, verdienen
Adjektive:	lang, interessant, schön
Pronomen:	ich, du, mich, dich, mir, dir
Präpositionen:	auf, unter, in, mit, seit
Konjunktionen:	und, aber, denn, oder

Wörter bilden Gruppen und Sätze.

Gruppen:	ich lese, ein Buch, die Lehrerin, meine Tasche, nach Hause
Sätze:	Ich arbeite bei SAP.

Die Sätze haben einen **Rhythmus** und eine **Melodie**:
Ich arbeite bei SAP. ↘ Arbeiten Sie auch hier? ↗

Sätze kann man ordnen: Satzarten

Aussagesatz:	Ich verdiene 1.200 Euro im Monat.
W-Frage:	Was arbeitest du?
Ja/Nein-Frage:	Liest du jeden Tag Zeitung?
Imperativsatz:	Hilf mir bitte!

Sätze bilden Texte.

Ich heiße Selda. Ich komme aus Tansania. Ich bin seit zwei Jahren in Deutschland. Ich arbeite und lerne Deutsch. Ich bin Verkäuferin und verdiene 1.800 Euro im Monat. Ich finde meinen Job gut, aber ich habe wenig Freizeit.

1 Aussagesätze

Das sind Aussagesätze:

Position 1	Position 2			Position 1	Position 2	
Ich	(heiße)	Morton Bartels.				
Ich	(wohne)	in Görlitz.				
Meine Arbeit	(ist)	interessant	und	ich	(verdiene)	gut.
Ich	(muss)	viel arbeiten,	aber	die Arbeit	(macht)	mir Spaß.

In Aussagesätzen fällt die Satzmelodie am Satzende: Ich muss viel arbeiten. ↘
Sprechen Sie die Sätze laut.

1 Was passt zusammen? Ordnen Sie zu und markieren Sie die Verben.

Zur Person

1. Mein Name (ist) ______ a) 37 Jahre alt.
2. Ich komme ______ b) bei der Firma Bosch.
3. Ich bin ______ c) kommt aus Litauen.
4. Ich arbeite __1__ d) Angela Cardoso.
5. Mein Freund ______ e) Automechaniker.
6. Er heißt Ansas ______ f) seit einem Jahr zusammen.
7. Er arbeitet als ______ g) und er ist 39 Jahre alt.
8. Wir sind ______ h) aus Portugal.

2 Schreiben Sie die Sätze und markieren Sie die Verben.

Beruf und Freizeit

1. Charmi / arbeitet / bei SAP — *Charmi (arbeitet) bei SAP.*
2. Programmierer / ist / er — *Er* ______
3. er / schreibt / Programme / für die Buchhaltung ______
4. schwimmt / er / gern / und / liest / er / gern ______
5. er / im Winter / gern / Ski / fährt ______
6. im Urlaub / nach Kenia / fährt / er ______
7. dort / seine Familie / besucht / er ______
8. er / sehr / mag / das Land und die Leute ______

2 W-Fragen

Das sind W-Fragen:

Position 1	Position 2		Position 1	Position 2	
Wie	heißen	Sie?	Was	machen	Sie gern?
Wie	geht	es Ihnen?	Wer	kommt	mit ins Kino?
Woher	kommen	Sie?	Wie viel Uhr	ist	es?
Wohin	gehst	du?	Um wie viel Uhr	beginnt	der Film?
Wo	wohnst	du?	Wann	hast	du morgen Zeit?

😐 So wirkt die W-Frage neutral/sachlich: Wie heißt du? ↘

🙂 So wirkt die W-Frage sehr freundlich: Wie heißt du? ↗

Sprechen Sie die W-Fragen sehr freundlich.

1 W-Fragen und Antworten – Was passt zusammen?

Zeit und Ort

1. Wie komme ich zum Rathaus? ____ a) Ich geh etwas trinken, komm doch mit.
2. Wann fährst du nach Hause? ____ b) Ich vielleicht. Was ist dein Problem?
3. Wie viel Uhr ist es? ____ c) Am 26. Juli.
4. Wohin gehst du nach dem Kurs? __1__ d) Nehmen Sie den Bus Nr. 54.
5. Wer kann mir helfen? ____ e) Ich glaube, aus Brasilien, aus Rio.
6. Was macht ihr am Wochenende? ____ f) Da drüben ist ein „Italiener". Der ist gut.
7. Woher kommt Teresa? ____ g) Um 23 Uhr 10.
8. Wo gibt es hier Pizza? ____ h) Ungefähr in einer halben Stunde.
9. Um wie viel Uhr kommt dein Zug an? ____ i) Wir fahren nach Köln.
10. Wann beginnen die Sommerferien? ____ j) Es ist kurz vor 10.

2 Welches W-Wort passt?

a Ergänzen Sie.

1. ___Wie___ heißen Sie?
2. ____________ machen Sie am Wochenende?
3. ____________ lernst du für den Test? Heute oder morgen?
4. ____________ kann mir helfen? Ich verstehe die Aufgabe nicht.
5. Um ____________ Uhr ist Ihr Deutschunterricht zu Ende?
6. ____________ kommen Sie?
7. Ich suche so eine Lampe. ____________ finde ich so etwas?
8. ____________ fährt der Bus?
9. ____________ kommen die Mangos?
10. ____________ kosten die Äpfel?

b Schreiben Sie mögliche Antworten zu 2a.

1. Ich heiße ...
2. Ich gehe ins Kino.

3 Persönliche Fragen

a Schreiben Sie die Fragen mit dem passenden W-Wort.

Familie

1. dein Bruder / heißt — Wie heißt dein Bruder?
2. deine Schwester / wohnt — ____________
3. alt / dein Vater / ist — ____________
4. kommt / deine Familie — ____________
5. arbeitest / du — ____________
6. machst / du / am Sonntag — ____________
7. deine Familie / besuchst / du — ____________
8. Geschwister / hast / du — ____________

b Schreiben Sie mögliche Antworten zu 3a.

1. Er heißt ... / Ich habe keinen Bruder.
2. Sie ...

3 Ja/Nein-Fragen

Das sind Ja/Nein-Fragen:

Position 1	Position 2		Position 1	Position 2	
Heißen	Sie	Molnar?	Machen	Sie	gern Sport?
Geht	es Ihnen	gut?	Kommt	ihr	mit ins Kino?
Kommen	Sie	aus Togo?	Ist	es	schon acht Uhr?
Gehst	du	jetzt nach Hause?	Beginnt	der Unterricht	heute später?
Wohnst	du	hier in der Nähe?	Hast	du	morgen Zeit?

Ja/Nein-Fragen beginnen mit dem Verb.

Ja/Nein-Fragen spricht man so: Heißen Sie Molnar? ↗

1 Schreiben Sie die Ja/Nein-Fragen und antworten Sie mündlich.

Nein, ich heiße …

Zur Person: Sie-Form

1. heißen / Anur / Sie / ? *Heißen Sie Anur?*
2. sind / alt / Sie / 35 Jahre / ? ______
3. wohnen / in Frankfurt / Sie / ? ______
4. Ihre Telefonnummer / ist / 81237 / ? ______
5. Deutsch / lernen / Sie / ? ______
6. kommen / aus Ungarn / Sie / ? ______
7. gehen / ins Theater / gern / Sie / ? ______
8. lesen / gern / Sie / ? ______

Zur Person: Du-Form

1. gehst / oft / du / in die Stadt / ? *Gehst du oft in die Stadt?*
2. jeden Tag / du / lernst / ? ______
3. oft / du / deine Familie / besuchst / ? ______
4. du / ein Musikinstrument / spielst / ? ______
5. liest / gern / du / ? ______

2 Schreiben Sie die Ja/Nein-Fragen zu den Antworten.

1. (Spanisch?) *Sprichst du Spanisch?* / *Sprechen Sie Spanisch?* — Nein, ich spreche nur Englisch.
2. (in Köln?) ______ — Ja, ich wohne in Köln.
3. (01500-4112223?) ______ — Nein, sie ist 01501-4102223.
4. (verheiratet?) ______ — Nein, ich bin nicht verheiratet.
5. (aus China?) ______ — Ja, ich komme aus China.
6. (Tennis?) ______ — Nein, ich spiele Fußball.
7. (kochen/gern?) ______ — Ja, ich koche sehr gern.
8. (Zeit/morgen?) ______ — Nein, aber am Freitag.

3 W-Fragen und Ja/Nein-Fragen. Schreiben Sie die Sätze. Achten Sie auch auf die Groß- und Kleinschreibung.

Lebensmittel einkaufen

1. kostet / der broccoli / wie viel — *Wie viel kostet der Broccoli?*
2. sie / eier / haben ______
3. die kartoffeln / was / kosten ______
4. woher / die hühner / kommen ______
5. aus frankreich / der käse / ist ______
6. finde / brot / ich / wo ______
7. kann / den käse / probieren / ich ______
8. die äpfel / aus deutschland / sind ______
9. wann / neue kartoffeln / sie / bekommen ______
10. die tomaten / woher / sind ______

4 Imperativsätze

▶ Verbformen im Imperativ: Seite 45

Das sind Imperativsätze. Das Verb steht immer in Position 1.

Position 1		
Hören	Sie	viel Radio.
Hör		viel Radio.
Hört		viel Radio.

Mit Imperativsätzen kann man Bitten, Ratschläge und Befehle formulieren.

Imperativsätze spricht man so: Geben Sie mir bitte ein Pfund Tomaten. ↘

Lesen Sie die Imperativsätze in Übung 1 laut.

1 Machen Sie aus den Aussagesätzen Imperativsätze.

1. Du hörst die Nachrichten. *Hör die Nachrichten.*
2. Sie lesen den Text. ______
3. Ihr ruft im Rathaus an. ______
4. Sie lernen die Wörter. ______
5. Du hilfst mir. ______
6. Ihr kommt morgen zu mir. ______
7. Du gibst mir den Kuli. ______
8. Ihr lernt bis morgen die Wörter. ______

2 Bitten (B), Aufforderungen/Befehle (A), Ratschläge (R) – Was ist was? Notieren Sie. Es gibt manchmal mehrere Möglichkeiten.

In der Stadt

1. *R* ● Wie komme ich zum Bahnhof?
   ○ Fahren Sie hier geradeaus und dann rechts.
2. ___ Halt an, es ist rot!
3. ___ ● Was können wir am Wochenende machen?
   ○ Geht doch mal in den Zoo.
4. ___ Halt bitte hier an. Ich wohne in dem Haus da drüben.
5. ___ ● Wie komme ich ins Zentrum?
   ○ Nehmen Sie den Bus Nr. 5. Der fährt direkt.
6. ___ Fahren Sie weiter! Man darf hier nicht halten.
7. ___ ● Ist hier ein Geldautomat in der Nähe?
   ○ Sehen Sie, da vorne links. Da ist eine Bank.
8. ___ Steigt schnell ein. Der Bus hält hier nicht lang.

3 Schreiben Sie die Imperativsätze. Achten Sie auf die trennbaren Verben.

▶ Trennbare Verben: Seite 34

Bei der Arbeit: Sie-Form

1. morgen / um 8 Uhr / kommen — *Kommen Sie ...*
2. fahren / in die Heugasse 25 / bitte — ______
3. die Firma Butz / *an*rufen / bitte — *Rufen Sie ...*
4. zum Chef / kommen / um 11 Uhr / bitte — ______
5. das Formular / *aus*füllen — ______
6. Ihre Lohnsteuerkarte / *mit*bringen / bitte — ______
7. *über*weisen / das Geld / auf mein Konto — ______

Bei der Arbeit: Du-Form

1. *an*rufen / bitte / die Personalabteilung — *Ruf bitte die Personalabteilung an.*
2. helfen / bitte / mir / mit dem Formular — ______
3. übersetzen / den Brief / für mich / bitte — ______
4. *mit*kommen / in die Werkstatt / bitte — ______
5. unterschreiben / das Formular / bitte — ______
6. gehen / mit dem Kollegen / zum Arzt / bitte — ______

4 Eine Notiz – Ergänzen Sie die Imperativformen.

Zu Hause

[anrufen • ~~einkaufen~~ • legen • ausmachen • anmachen]

Hallo, Olav,

ich muss heute länger arbeiten. Ich habe noch nichts eingekauft. *Kauf* bitte etwas Wurst und etwas Käse *ein* (1). Ich hab die Waschmaschine angestellt. ______ sie bitte ______ (2) und ______ (3) die Wäsche in den Wäschetrockner. Die Spülmaschine ist voll. ______ sie bitte ______ (4). Tina war da. Sie will mit dir sprechen. ______ sie bitte ______ (5). Es ist wichtig.

Gruß
Rainer

5 Zusammenfassung: Fragesätze, Aussagesätze, Imperativsätze

1 Ergänzen Sie das Gespräch.

Bei der Arbeitsvermittlung

anrufen • arbeiten • ausfüllen • bin • brauchen • er • haben • haben • haben • haben • ich • ich • ich • kann • kann • kommen • leben • nein • nein • ~~setzen~~ • sind • verdienen • verdient • vielen • wie • wie • wie • Wiedersehen • wo • wohnen

- ● Guten Tag, mein Name ist Thomas Siegloch. *Setzen* Sie sich, bitte.
- ○ Danke.
- ● ___________ ist Ihr Name?
- ○ ___________ heiße Irina Sotnikova.
- ● ___________ alt sind Sie, Frau Sotnikova?
- ○ Ich ___________ 25.
- ● ___________ Sie aus Russland?
- ○ ___________, aus der Ukraine.
- ● ___________ Sie schon lange in Deutschland?
- ○ ___________ lebe seit 10 Jahren hier.
- ● ___________ Sie verheiratet?
- ○ Ja.
- ● ___________ Sie Kinder?
- ○ Einen Sohn. ___________ ist 4.
- ● ___________ Sie eine Berufsausbildung?
- ○ ___________ habe als Friseurin gearbeitet, aber ich habe keine Ausbildung.
- ● ___________ Sie hier in Ludwigshafen?
- ○ ___________, ich wohne in Freinsheim.
- ● ___________ liegt das?
- ○ Das ist 20 km von hier, in der Pfalz.
- ● Was für eine Stelle suchen Sie?
- ○ ___________ Sie etwas als Friseurin?
- ● Als Friseurin ___________ Sie eine Ausbildung.
- ○ ___________ lange dauert das?
- ● Drei Jahre.
- ○ ___________ man da Geld?
- ● Ja, etwa 350 Euro.
- ○ Das geht nicht. Ich muss Geld ___________. ___________ ich als Verkäuferin arbeiten?
- ● Zurzeit habe ich leider nichts. ___________ Sie auch als Putzhilfe?
- ○ Ich habe Probleme mit dem Rücken.
- ● ___________ Sie bitte das Formular hier ___________ und ___________ Sie mich nächste Woche noch mal ___________. ___________ Sie eine E-Mail-Adresse?
- ○ Ja, isotnikova@zdx.de.
- ● Das ist gut, dann ___________ ich Ihnen Angebote per E-Mail schicken.
- ○ ___________ Dank! Auf ___________, Herr Siegloch.
- ● Auf Wiedersehen, Frau Sotnikova.

6 Die Satzklammer bei trennbaren Verben

▶ Trennbare Verben: Seite 34, Satzklammer beim Perfekt: Seite 16

Das nennen wir Satzklammer:

Satzklammer

ein|kaufen	Ich kaufe jeden Mittwoch auf dem Markt ein.
an|rufen	Ruf mich doch am Wochenende mal an.
weg|fahren	Wir fahren nächste Woche weg.
mit|kommen	Ich gehe gern zum Fußball, aber mein Mann kommt leider nie mit.
an|kommen	Der ICE aus Rostock kommt heute 10 Minuten später an.
ab|fahren	Der Bus Nr. 100 fährt alle 15 Minuten hier ab.

Bei trennbaren Verben steht das Präfix am Satzende.

Bei trennbaren Verben ist immer das Präfix betont.

kaufen **ein**kaufen Er kauft **ein**.

1 Sprechen Sie die Verben laut. Markieren Sie, welche Verben trennbar sind.

einkaufen • verkaufen • anmachen • bestellen • besuchen • mitbringen • empfehlen • einsteigen • erklären • erlauben • mitkommen • mitbringen • umziehen • übernachten • aufschreiben • unterschreiben • untersuchen • vermieten • (sich) vorstellen • wiederholen • zuordnen • zuhören • zumachen

2 Trennbare Verben – Schreiben Sie die Sätze.

1. einkaufen / ich / noch ein Brot / . — Ich kaufe noch ein Brot ein.
2. einkaufen / du / auch noch etwas Wurst / ? — ______
3. mitbringen / bitte / mir / ein Kilo Äpfel / . — ______
4. anrufen / ich / dich / heute Abend / . — ______
5. anmachen / bitte / das Licht / . — ______
6. zumachen / bitte / das Fenster / . — ______
7. umziehen / wir / im Mai / . — ______
8. zuhören / Sie / bitte / genau / . — ______
9. zuordnen / Sie / bitte / die Sätze / . — ______
10. aufschreiben / du / das Beispiel / ? — ______

7 Die Satzklammer bei Modalverben

▶ Modalverben: Seite 37

So sieht die Satzklammer bei Modalverben aus:

	Modalverb (konjugiert)		Verb (Infinitiv)
● Wann	kannst	du mir beim Putzen	helfen?
○ Morgen	will	ich meine Mutter	besuchen.

In Aussagesätzen und W-Fragen steht das konjugierte Modalverb auf Position 2.
Das Verb im Infinitiv steht am Satzende.

1 Schreiben Sie die Sätze.

1. müssen / ich / oft / arbeiten / am Wochenende / .
   Ich muss ______
2. können / wann / du / mich / besuchen / ?
   ______
3. dürfen / ich / Sie / anrufen / heute Abend / ?
   ______
4. wollen / wir / fahren / nach Berlin / in den Ferien / .
   ______
5. müssen / anfangen / Sie / Ihre Arbeit / pünktlich / !
   ______
6. können / anfangen / Sie / bei Gleitzeit / zwischen 7 und 9 / .
   ______
7. wollen / Sara / ab Mai / arbeiten / nur noch 20 Stunden / .
   ______
8. dürfen / ich / morgen / kommen / eine Stunde später / ?
   ______

2 Im Text stehen fünf Modalverben oder Verben falsch. Korrigieren Sie.

In Deutschland müssen arbeiten die meisten Arbeitnehmer und Arbeitnehmerinnen zwischen 35 und 40 Stunden. Das eine Vollzeitstelle ist. Man kann aber auch Teilzeit arbeiten. Viele Menschen nicht die ganze Woche wollen arbeiten. Sie arbeiten dann vielleicht nur an drei Tagen. In anderen Berufen man kann vor allem im Sommer viel arbeiten und darf dann im Winter zu Hause bleiben oder nach Mallorca fliegen. Viele Menschen wollen auch mehr arbeiten, aber gibt es nicht genug Arbeitsplätze.

8 Die Satzklammer beim Perfekt

▶ Verben im Perfekt: Seite 40

So sieht die Satzklammer beim Perfekt aus:

	haben/sein (konjugiert)		Verb (Partizip II)
● Warum	bist	du gestern nicht	gekommen?
○ Ich	habe	bis 20 Uhr	gelernt.

In Aussagesätzen und W-Fragen stehen *haben* oder *sein* auf Position 2.
Das Verb im Partizip II steht am Satzende.

1 Schreiben Sie die Sätze im Perfekt.

Tagesablauf

1. Mein Wecker klingelt um 7 Uhr. (hat / geklingelt / 6 Uhr)
   Gestern hat mein Wecker um 6 Uhr geklingelt.
2. Ich stehe um 7 Uhr 15 auf. (bin / aufgestanden / 6 Uhr 15)
   Gestern bin ______
3. Ich frühstücke von halb 8 bis 8. (habe / gefrühstückt / halb 7 bis 7)
   Gestern habe ______
4. Ich nehme den Bus um Viertel nach 8. (habe / genommen / Viertel nach 7)
   Gestern ______
5. Ich komme um Viertel vor 9 in der Sprachschule an. (bin / angekommen / Viertel vor 8)
   Gestern ______
6. Der Unterricht beginnt um 9. (hat / begonnen / auch um 9)
   Gestern ______
7. Ich bin immer pünktlich da. (habe / gewartet / 1 Stunde)
   Gestern habe ich ______
8. Ich bin immer gut gelaunt. (habe / mich richtig geärgert)
   Gestern ______

9 Zusammenfassung: Satzklammer

1 Was passt zusammen?

In der Firma

1. Frau Wenkums, können Sie	______	a)	die Firma Rusch & Töchter angerufen?
2. Bitte bringen Sie	______	b)	die Formulare mit.
3. Haben Sie schon	______	c)	hier um 6 Uhr 30 an.
4. Ich rufe Herrn Wertenschlag	______	d)	in der Firma sein?
5. Wann können Sie morgen	______	e)	schon um 5 Uhr aufstehen.
6. Der erste Bus kommt	1	f)	um 11 Uhr zu Dr. Müller kommen?
7. Dann müssen Sie ja	______	g)	um 10 Uhr an.
8. Ich bin heute auch	______	h)	um 5 Uhr aufgestanden.

2 Schreiben Sie die Sätze. Markieren Sie die Verben oder Verbteile.

1. schreiben / müssen / ich / den Brief / an die Firma Rusch & Töchter / .
   Ich (muss) den Brief an die Firma Rusch & Töchter (schreiben.)
2. haben / ausfüllen / gestern / du / die Formulare / ?
   ____
3. wollen / ich / morgen / freinehmen / einen Tag / .
   ____
4. können / bitte / Sie / bei Dr. Börne / anrufen / ?
   ____
5. zu sein / die Praxis / am Mittwochnachmittag / .
   ____
6. haben / arbeiten / wie lange / Sie / als Sekretärin / ?
   ____
7. müssen / sprechen / ich / mit dem Chef / über meinen Urlaub / .
   ____
8. haben / haben / du / in diesem Jahr / schon Urlaub / ?
   ____

10 Verneinung mit *nicht*

Die Verneinung *nicht* steht nach dem konjugierten Verb und der Akkusativergänzung. Sie steht nach der Zeitangabe, aber vor der Ortsangabe.

Ich heiße Mario.	Ich **heiße nicht** Mario.
Wir laden unsere Lehrerin zum Essen ein.	Wir **laden unsere Lehrerin nicht** zum Essen ein.
Ich wohne in Hoyerswerda.	Ich **wohne nicht** in Hoyerswerda.
Er will nach Frankreich fahren.	Er **will nicht** nach Frankreich **fahren**.
Ich komme morgen zu dir.	Ich **komme morgen nicht** zu dir.

1 Schreiben Sie die Sätze mit *nicht*. Was sind die richtigen Informationen?

Deutschlandkunde

1. Berlin liegt am Rhein.
   Berlin liegt nicht am Rhein. Es liegt an der Spree.
2. Hamburg liegt an der Nordsee.
   ______
3. In Deutschland bezahlt man mit D-Mark.
   ______
4. München ist die Hauptstadt von Sachsen.
   ______
5. Man darf auf allen Autobahnen 200 Stundenkilometer fahren.
   ______
6. Der Bodensee liegt in Norddeutschland.
   ______

1. die Spree 2. die Elbe (± 100 km von der Nordsee weg) 3. Euro 4. Bayern (Sachsen = Dresden) 5. oft nur 120 bis 130 km/h 6. Süddeutschland

2 Ergänzen Sie *nicht* an der richtigen Stelle.

1. Ayhan ___x___ bezahlt die Rechnung ___nicht___ .
2. Ich ______ habe das Buch ______ gelesen.
3. Rafik ______ hat seinen Kuli ______ gefunden.
4. Costa und Tamara treffen ______ sich ______ im Café.
5. Erhan ______ hat das Auto ______ repariert.
6. Samira ______ will das Formular ______ unterschreiben.
7. Das Fest ______ beginnt ______ um 19 Uhr, sondern ...
8. Bitte ______ schließen Sie die Tür ______ ab.

11 Verneinung mit *kein/keine*

▶ *kein:* Seite 54, Nominativ/Akkusativ: Seite 51

***kein* verneint das Nomen; *kein* hat die gleichen Endungen wie *ein*.**

Nominativ	Ist das Nein, das ist	ein Kuli **kein** Kuli	ein Heft **kein** Heft	eine Tasche? **keine** Tasche.
Akkusativ	Hast du Nein, ich habe	einen Kuli **keinen** Kuli	ein Heft **kein** Heft	eine Tasche? **keine** Tasche.
Akkusativ (Plural)	Hast du Nein, ich habe		– Geschwister? **keine** Geschwister.	

1 Du fragst mich und ich sage „Nein"! – Schreiben Sie die Sätze.

1. Hast du ein Fahrrad?
   Nein, ich habe kein Fahrrad.
2. Hast du eine Monatskarte für die Straßenbahn?
   Nein, ______
3. Hast du mir Blumen mitgebracht?
   Nein, ______
4. Hast du dir einen Rock gekauft?
   Nein, ______
5. Willst du ein Eis?
   Nein, ______
6. Magst du Pommes?
   Nein, ______
7. Magst du Tomaten?
   Nein, ______
8. Hast du Freunde in Berlin?
   Nein, ______
9. Sprichst du Chinesisch?
   Nein, ______
10. Verstehst du Bairisch?
    Nein, ______
11. Liest du Romane auf Deutsch?
    Nein, ______
12. Schreibst du mir eine Postkarte aus den Ferien?
    Nein, ______

12 Zusammenfassung: *nicht, kein*

1 *nicht* oder *kein* – Was passt? Markieren Sie.

1. ● **Heißen** Sie *kein/nicht* Tatjana?
   ○ Nein, ich **heiße** *kein/nicht* Tatjana, ich bin Swetlana.
2. ● **Sind** Sie *nicht/kein* aus der Ukraine?
   ○ Nein ich bin *keine/nicht* **Ukrainerin**, ich bin aus Polen.
3. ● **Arbeiten** Sie *nicht/kein* im Supermarkt?
   ○ Nein, ich habe zurzeit *nicht/keinen* **Job**.
4. ● Die Äpfel sind gut. Möchtest du sie *nicht/keine* **kaufen**?
   ○ Nein, ich will *nicht/keine* **Äpfel** kaufen, aber Bananen.
5. ● Haben wir *keine/nicht* **Bananen** zu Hause?
   ○ Nein, ich **glaube** *nicht/keine*.
6. ● Magst du *keine/nicht* **Äpfel**?
   ○ Doch, aber ich will jetzt *keine/nicht* **Äpfel** kaufen.

2 Schreiben Sie die verneinten Sätze.

1. Ich **heiße** Susan Kaufmann. *Ich heiße nicht Susan Kaufmann.*
2. Ich **wohne** in Mainz. ______
3. Ich habe ein **Smartphone**. ______
4. Herr Paulsen **ist** da. ______
5. Er hat von 10 bis 12 Uhr **Zeit**. ______
6. Sie **können** Prof. Bunk heute **sprechen**. ______
7. Er hat heute **Sprechstunde**. ______
8. Morgen **ist** er auch da. ______

13 Fragen mit *nicht* oder *kein* – Antworten mit *ja, nein* oder *doch*

▶ Ja/Nein-Fragen: Seite 9

Ja/Nein-Fragen

Lernst du gern Deutsch?	(–)	Nein, nicht so gern.
	(+)	Ja, klar.

So funktionieren die Antworten auf Fragen mit *kein* oder *nicht*:

Lernst du **nicht** gern Deutsch?	(–)	Nein, ich finde das sehr schwer.
	(+)	**Doch**, es macht mir richtig Spaß.
Hast du **kein** Fahrrad?	(–)	Nein, ich fahre immer mit dem Bus.
	(+)	**Doch**, ich komme immer mit dem Fahrrad zum Unterricht.

1 Schreiben Sie die Fragen und die Antworten.

Essen und trinken

1. Hast du / gekauft / keine Milch / ? — (+) / ich / Milch / habe / gekauft / .
   ● *Hast du keine Milch gekauft?* ○ *Doch, ich habe Milch gekauft.*
2. Magst du / Bratwurst / ? — (–) / ich / kein Schweinefleisch / essen / .
   ● ______ ○ ______
3. Sie / essen / gern Schweinbraten / nicht / ? — (–) / ich / nur vegetarisch / essen / .
   ● ______ ○ ______
4. einkaufen / ihr / noch Wurst und Käse / ? — (+) / wir / nachher /gehen / zum Supermarkt / .
   ● ______ ○ ______
5. essen / ihr / gern Pizza / nicht / ? — (+) / nur Pizza mit Salami / aber / .
   ● ______ ○ ______
6. Sie / mögen / keine Currywurst / ? — (–) / ich / essen / kein Fleisch / .
   ● ______ ○ ______
7. mitkommen / ihr / zum Essen / nicht / ? — (–) / wir / noch lernen / müssen / .
   ● ______ ○ ______
8. trinken / du / keinen Wein / ? — (+) / ich / trinken / Weißwein / manchmal / .
   ● ______ ○ ______
9. essen / Sie / am Mittag / nicht / ? — (+) / ich / essen / meistens / einen Apfel / .
   ● ______ ○ ______
10. essen / du / abends / warm / ? — (+) / ich / kochen / gern / .
   ● ______ ○ ______

14 Satzverbindungen mit *und, oder, aber, denn*

Die Konjunktionen *und, oder, aber, denn* verbinden Hauptsätze.

	Position 2				Position 2	
Mein Name	ist	Irina Paster.		Ich	komme	aus St. Petersburg.
Mein Name	ist	Irina Paster	**und**	ich	komme	aus St. Petersburg.
Ich	besuche	dich morgen.		Du	kommst	am Wochenende zu mir.
Ich	besuche	dich morgen	**oder**	du	kommst	am Wochenende zu mir.

Im 1. und im 2. Satz steht das Verb auf Position 2.
Die Konjunktion steht zwischen den Sätzen.

Machen Sie bei längeren Sätzen Pausen (|) vor *und, oder, aber, denn.*
Die Satzmelodie bleibt gleich (→).
Ich möchte ein Stück Kuchen | → und ich hätte gern eine Tasse Kaffee. ↘
Sprechen Sie die Sätze in Übung 1 laut.

1 Welche Konjunktion passt? Markieren Sie.

Essen und trinken

1. Ich möchte ein Stück Kuchen *und/oder/aber* ich nehme eine Tasse Kaffee, bitte.
2. Wir können Nudeln essen, *und/oder/aber* ich kann auch Gemüse kochen.
3. Ich koche gern, *aber/oder/denn* ich wasche nicht gern ab.
4. Ich koche heute, *denn/aber/oder* dann möchte ich nicht die Küche sauber machen.
5. Indira isst kein Fleisch, *denn/oder/und* sie ist Vegetarierin.
6. Mein Freund trinkt keinen Alkohol, *denn/oder/aber* er ist Antialkoholiker.

2 Schreiben Sie die Sätze.

1. Ich / eine neue Stelle / habe – erst in zwei Monaten / ich kann / anfangen – aber
   Ich habe eine neue Stelle, aber
2. wird frei / Die Stelle – eine Kollegin / ein Kind / bekommt – denn
   ____
3. morgens um 7 Uhr / Sie müssen / im Betrieb sein – bis 16 Uhr / geht / Ihre Arbeitszeit – und
   ____
4. im April / Sie können / nicht in Urlaub gehen – alle Arbeitskräfte / wir brauchen – denn
   ____
5. können Sie / anfangen / Bei Gleitzeit / morgens um 7 – erst um 9 kommen / Sie können – oder
   ____

15 Verben und Ergänzungen

Alle Verben haben ein Subjekt.

Subjekt	Verb		Frage
Jens	liest.		**Wer** liest?
Das Buch	ist	interessant.	**Was** ist interessant?

Viele Verben haben eine Ergänzung.

Der Flug dauert [?]	Der Flug	dauert	**eine Stunde**.	Temporal-Ergänzung
Frau Braun ist [?]	Frau Braun	ist	**Verkäuferin**.	Nominativ-Ergänzung
Peter besucht [?]	Peter	besucht	**seinen Freund**.	Akkusativ-Ergänzung

Die Verben *sein* und *heißen* haben eine Nominativ-Ergänzung.

Subjekt (Wer/Was?)	Verb	Nominativ-Ergänzung (Wer/Was?)	Frage
Lena Braun	ist	**Studentin**.	**Was** ist Lena Braun?
Die Verkäuferin	heißt	**Lena Braun**.	**Wie** heißt die Studentin?

▶ Akkusativ: Seite 51

Die meisten Verben haben eine Akkusativ-Ergänzung.

Subjekt (Wer/Was?)	Verb	Akkusativ-Ergänzung (Wer/Was?)	Frage
Peter	besucht	**seinen Freund**.	**Wen** besucht Peter?
Er	liest	**ein Buch**.	**Was** liest er?

▶ Dativ: Seite 57

Einige Verben haben eine Dativ-Ergänzung.

Subjekt (Wer/Was?)	Verb	Dativ-Ergänzung (Wem?)	Frage
Ich	danke	**dir**.	**Wem** danke ich?
Der Kuli	gehört	**mir**.	**Wem** gehört der Kuli?

Es gibt häufig noch weitere Ergänzungen: temporal, modal oder lokal.

Subjekt (Wer/Was?)	Verb	temporal (Wann? Wie lange?)	modal (Wie?)	lokal (Wo/Woher/Wohin?)
Frau Braun	wohnt			**in Bonn**.
Der Zug	fährt		**sehr schnell**.	
Der Flug	dauert	**eine Stunde**.		

1 Subjekt – Verb – Ergänzungen: Schreiben Sie die Satzteile in die Tabelle.

1. ~~Ben ist Informatiker.~~ 2. Frau Dahms möchte einen Rock. 3. Pablo kommt aus Spanien.
4. Unser Lehrer heißt Herr Lehmann. 5. Wir nehmen Currywurst und Pommes.
6. Die Straßenbahn kommt um 12 Uhr 53.

Subjekt	Verb	Ergänzungen			
		Nominativ	Akkusativ	temporal	lokal
Ben	ist	Informatiker.	x	x	x

2 Verb – Subjekt – Verb – Ergänzungen: Schreiben Sie die Satzteile in die Tabelle.

1. ~~Möchtest du ein Brötchen?~~ 2. Ich habe ein Problem. 3. Geht ihr in den Park?
4. Mein Arzt heißt Dr. Schubert. 5. Tom holt die Bücher. 6. Der 1. Mai ist ein Sonntag.

Verb	Subjekt	Verb	Ergänzungen		
			Nominativ	Akkusativ	lokal/temporal
Möchtest	du	x	x	ein Brötchen?	x

3 Subjekt – Verb – Ergänzungen – Verb: Schreiben Sie die Satzteile in die Tabelle.

1. ~~Lara hat einen Kaffee getrunken.~~ 2. Lucia schreibt die Adresse auf. 3. Der Kurs fängt um 9 Uhr an.
4. Kerim kommt aus Tanger. 5. Der Mantel gehört Hosni. 6. Der Park hat um 21 Uhr zugemacht.

Subjekt	Verb/Verbteil	Ergänzungen			Verb/Verbteil
		Akkusativ	Dativ	lokal/temporal	
Lara	hat	einen Kaffee	x	x	getrunken.

16 Verben – Konjugation im Präsens (regelmäßig)

Das sind Verben: heißen, arbeiten, sprechen, mögen, wollen, sein, haben …

Verben haben einen Verbstamm und eine Personalendung. ich lern**e** du lern**st** ihr lern**t**

Es gibt regelmäßige Verben und unregelmäßige Verben. ich lerne, sie lernt, ich antworte, sie antwortet
ich spreche, sie spr**i**cht, ich lese, sie l**ie**st

Regelmäßige Verben

Infinitiv		lern**en**	antwort**en**	reis**en**	arbeit**en**
Singular	ich du er/es/sie	lern**e** lern**st** lern**t**	antwort**e** antwort**est** antwort**et**	reis**e** reis**t** reis**t**	arbeit**e** arbeit**est** arbeit**et**
Plural	wir ihr sie	lern**en** lern**t** lern**en**	antwort**en** antwort**et** antwort**en**	reis**en** reis**t** reis**en**	arbeit**en** arbeit**et** arbeit**en**
Formell (Sg./Pl.)	Sie	lern**en**	antwort**en**	reis**en**	arbeit**en**
Ebenso	machen hören wohnen kochen	kosten	tanzen		

Die meisten Verben haben die Endungen wie bei *lernen*.

1 Welche Personalpronomen passen? Ergänzen Sie.

1. du trinkst
2. er/es/sie/ihr telefoniert
3. ___ arbeite
4. ___/___/___ kommen
5. ___ heiße
6. ___ wohnst
7. ___ lernst
8. ___ zahlst
9. ___ gehst
10. ___/___/___/___ duscht
11. ___ frühstücke
12. ___/___/___ kochen
13. ___/___/___ holen
14. ___/___/___/___ verkauft
15. ___ schreibe
16. ___/___/___ gratulieren
17. ___/___/___/___ druckt
18. ___ spielst
19. ___/___/___ verstehen
20. ___ wohne
21. ___ wiederholst
22. ___/___/___ studieren
23. ___/___/___/___ repariert
24. ___ bezahle
25. ___ hole
26. ___ höre
27. ___/___/___ machen
28. ___/___/___/___ spielt
29. ___/___/___ trinken
30. ___ singst

2 Ergänzen Sie die Verben.

Der Kurs beginnt

1. ● Wo ____________ du? (wohnen)
   ○ Ich ____________ in der Kantstraße. (wohnen)
2. ● Wie ____________ Sie? (heißen)
   ○ Ich ____________ Furkan. (heißen)
   ● Bitte ________________ Sie. (buchstabieren)
3. ● Woher ____________ ihr? (kommen)
   ○ Wir ____________ aus der Türkei. (kommen)
4. ● Was ____________ ihr in Deutschland? (machen)
   ○ Wir ____________ studieren. (möchten)

Im Supermarkt

1. ● Entschuldigung, wo ______________ ich Zwiebeln? (finden)
   ○ ______________ Sie hier geradeaus und dort auf der rechten Seite. (gehen)
2. ● ______________ wir auch Joghurt? (brauchen)
   ○ Ja, ich ______________ Joghurt für den Salat. (brauchen)
3. ● Was ______________ du? (suchen)
   ○ Ich ______________ Marmelade und Öl. (suchen)
   ● Die Marmelade ______________ dahinten. (stehen)
   Da vorne ______________ du das Öl. (finden)
4. ● Was ______________ das Brot? (kosten)
   ○ 3 Euro. Die Brötchen sind im Angebot.
   Sie ______________ nur 25 Cent. (kosten)

Am Morgen zu Hause

1. ● Was ______________ (machen) du morgens zuerst? ______________ (kochen) du Kaffee oder ______________ (duschen) du?
   ○ Zuerst ______________ ich (duschen) und dann ______________ (kochen) ich Kaffee. Dann ______________ (holen) ich die Zeitung und ______________ (bringen) Thea eine Tasse Kaffee ans Bett. Und dann ______________ (machen) ich Frühstück.
2. ● Wann ______________ (gehen) eure Kinder morgens aus dem Haus?
   ○ Die Schule ______________ (beginnen) um 7 Uhr 50. Um 7 Uhr 20 ______________ (kommen) Peter und Till. Ilona ______________ (gehen) meistens kurz nach halb sieben los.
3. ● ____________________ (frühstücken) ihr zusammen?
   ○ Nicht immer. Heinz und ich ____________________ (frühstücken) immer zusammen. Holger ______________ (trinken) morgens nur eine Tasse Tee und Ilka ____________________ (frühstücken) oft ganz schnell. Sie ______________ (brauchen) immer lange in der Dusche.

3 Welches Verb passt wo? Ergänzen Sie.

Essen und trinken

[kochen • machen • schmecken • probieren • empfehlen • ~~besuchen~~ • kochen]

1. Sonntags ___besuche___ ich immer meine Eltern zum Kaffeetrinken.
2. ● Welchen Kuchen ______________ du mir zum Kaffee?
   ○ Der Käsekuchen ______________ super!
3. ● Ich ______________ für heute Abend einen Salat.
   ○ Gut, dann ______________ ich eine Lasagne.
4. ______________ ihr mal die Suppe? Ist sie o.k.?
5. Wir ______________ abends nie. Es gibt meistens Brot mit Wurst oder Käse.

Im Kaufhaus

[arbeiten • kaufen • kosten • stellen • bezahlen • kaufen • suchen • brauchen]

1. Was ______________ der Anzug?
2. Ich ______________ am liebsten Jeans.
3. Frau Schmidt ______________ für Holger eine Mütze.
4. Erhan und Peter ______________ als Verkäufer.
5. Ihr ______________ gute Schuhe zum Wandern.
6. ______________ Sie die Schuhe bitte wieder ins Regal.
7. Wir ______________ eine Hose für meinen Sohn.
8. Bitte ______________ Sie an der Kasse.

Im Internetcafé

[arbeiten • benutzen • benutzen • erklären • glauben • stellen • schließen • schreiben • sein • suchen]

1. ______________ Sie oft das Internet?
2. Ich ______________ nur E-Mails an meine Familie.
3. ______________ Sie bitte den Kaffee hier auf den Tisch.
4. ______________ Sie mir das bitte, ich verstehe das nicht.
5. Ich ______________ meinen Freund.
   Er ______________ hier als Kellner.
6. Wann ______________ das Internetcafé? Um 23 Uhr?
7. Wir ______________ den Computer fast jeden Tag.
8. Ich ______________, mein Drucker ______________ kaputt.

17 Verben – Konjugation im Präsens mit Vokalwechsel (unregelmäßig)

		e>i	e>ie	a>ä	i>ei	au>äu
Infinitiv		essen	lesen	fahren	wissen	laufen
Singular	ich	esse	lese	fahre	weiß	laufe
	du	isst	liest	fährst	weißt	läufst
	er/es/sie	isst	liest	fährt	weiß	läuft
Plural	wir	essen	lesen	fahren	wissen	laufen
	ihr	esst	lest	fahrt	wisst	lauft
	sie	essen	lesen	fahren	wissen	laufen
Formell (Sg./Pl.)	Sie	essen	lesen	fahren	wissen	laufen
Ebenso		(ab)geben	(aus)sehen	(ein)laden		
		sprechen	fernsehen	gefallen		
		(mit)nehmen	empfehlen	halten		
		treffen		schlafen		
		helfen		waschen		

Unregelmäßige Verben haben meistens einen Vokalwechsel in der 2. und 3. Person Singular.

Sie sprechen Vokale lang oder kurz.

lang —

Vokal + h	fahren – du fährst, wohnen – sie wohnt
Vokal + Vokal	du liegst, er sieht, fliegen
Vokal + ein Konsonant	lesen – ihr lest, holen – du holst

kurz •

Vokal + mehr als ein Konsonant:	essen, du isst, sprechen

Lesen Sie die Konjugationen in Übung 1 laut.

1 Unregelmäßige Verben in A1 – Ergänzen Sie die Formen.

Infinitiv	ich	du	er/es/sie	wir	ihr	sie/Sie
fahren	fahre		fährt			
essen	esse					
geben	gebe					
helfen	helfe					
lesen	lese					
nehmen	nehme					
schlafen	schlafe					
sehen	sehe					
sprechen	spreche					
tragen	trage					
waschen	wasche					

2 Ersetzen Sie das Verb. Schreiben Sie wie im Beispiel.

1. Schreibst du einen Text? (lesen) *Liest du einen Text?*
2. Sie macht immer die Hausaufgaben. (vergessen) ____________
3. Geht Jens zur Arbeit? (fahren) ____________
4. Arbeitest du in der Mittagspause? (schlafen) ____________
5. Steht der Bus am Jahnplatz? (halten) ____________
6. Er kauft Brot und Schinken. (essen) ____________
7. Hol mir bitte den Salat. (geben) ____________
8. Der Kellner bringt das Menü. (empfehlen) ____________

3 Ergänzen Sie die Verben.

1. Ich esse am liebsten Tomatensalat. Was *esst* ihr am liebsten?
2. Ich empfehle euch den italienischen Salat. Was ____________ ihr mir?
3. Ich nehme den Tee gern mit Zucker. Was ____________ du in den Tee?
4. Ich wasche meine Strümpfe immer mit der Hand. Wie ____________ du deine Strümpfe?
5. Abends lese ich immer Zeitung. Wann ____________ du Zeitung?
6. Wir schlafen immer in der Mittagspause. ____________ du mittags auch?
7. Hosni und Erhan sprechen Französisch und Arabisch. Was ____________ du?
8. Ich mache wenig Sport. Ich laufe manchmal. ____________ du auch?

4 Regelmäßige und unregelmäßige Verben – Ergänzen Sie den Vokal / die Vokale.

1. ● Bitte spr_e_chen Sie laut. Ich verst___he Sie nicht.
   ○ Dann m___chen Sie doch die Musik leiser.
2. ● Spr___chst du auch Französisch?
   ○ Ja, ich spr___che Französisch und Spanisch.
3. ● N___hmt ihr Milch und Zucker?
   ○ Danke, ich n___hme nur Milch.
4. ● Es ist 11 Uhr. Schl___ft ihr immer so lange?
   ○ Ja, Ben schl___ft gern bis mittags. Ich schl___fe nur am Wochenende lange.
5. ● Wann tr___ffst du Finn?
   ○ Er k___mmt um 19 Uhr.
6. ● Kannst du den Film empf___hlen?
   ○ Ja, aber es g___bt keine Karten mehr.
7. ● Was m___cht ihr am Sonntagabend?
   ○ Klaus s___ht meistens fern und ich l___se, manchmal k___mmen auch Freunde.

5 Welches Verb passt? Ergänzen Sie.

Beim Umzug

[mieten • heißen • helfen • besuchen • lesen • ~~suchen~~]

1. _Suchst_ ______ du immer noch eine Wohnung?
2. ______________ du auch die Anzeigen in der Zeitung?
3. ______________ euch Tom beim Umzug?
4. Wie ______________ der Vermieter?
5. Wir ______________ euch nächste Woche nach dem Umzug.
6. ______________ ihr ein Auto für den Umzug? Das kostet nicht viel.

[kommen • geben • beginnen • helfen • tragen • wissen • treffen]

7. Klaus, bitte ______________ mir. Der Schrank ist so schwer.
8. Klaus und Tom, ______________ ihr bitte die Waschmaschine ins Bad?
9. ● Wann ______________ du deine Nachbarn? Heute?
   ○ Ich ______________ es nicht. Aber vielleicht ______________ sie auch zum Fest.
10. ● Wann ______________ das Fest?
   ○ Um 18 Uhr. Es ______________ Salate und Brot und eine Suppe.

6 Ergänzen Sie die Verben.

Arbeit und Freizeit

Frau Harmes ________ 30 Jahre alt und ________ als	sein / arbeiten
Taxifahrerin in Berlin. Das ________ sie seit acht Jahren und	machen
sie steigt immer noch jeden Morgen gern ins Auto. Sie ________	fahren
6 Stunden am Tag. Sie ________ den Beruf sehr interessant. Jeder	finden
Tag ________ anders und sie ________ viele verschiedene Menschen	sein / (kennen)lernen
kennen. Manchmal ________ die Kunden in einer halben Stunde	erzählen
ihr ganzes Leben!	
Es ________ aber auch Tage, da ________ sie wenige Kunden	geben / haben
und viele Pausen. Dann ________ sie zu einem schönen Platz,	fahren
________ die Zeitung, ________ Radio oder sie ________	lesen / hören
zu einem Taxistand und ________ dort Kollegen.	fahren / treffen
Frau Harmes ________ immer morgens um 6 Uhr und	beginnen
________ bis 12 Uhr. Das ist für sie die beste Zeit, denn dann	fahren
________ ihr Sohn Jan in der Schule. Morgens ________ ihr	sein / wecken
Mann Felix den Jungen. Er ________ das Frühstück für ihn	machen
und ________ ihn dann zur Schule. Um 14 Uhr	bringen
________ Jan nach Hause und das Mittagessen	kommen
________ auf dem Tisch. Jan ________ von der	stehen / erzählen
Schule. Frau Harmes ________ ihm bei den Hausaufgaben.	helfen
Am Wochenende ________ sie nicht. Im Sommer geht die	arbeiten
Familie dann ________ oder ________ im	wandern / schwimmen
Freibad. Frau Harmes ________ auch gern mal ein Buch. Ihr	lesen
Mann ________ gern. Er ________ am	kochen / machen
Wochenende immer das Mittagessen.	

18 *sein* und *haben*

Die Verben *sein* und *haben* gebraucht man …

… als Vollverb		*sein* + Adjektiv/Nomen	*haben* + Nomen
		Sie **ist** gesund.	Sie **hat** Fieber.
		Sie **ist** Ärztin.	Sie **hat** einen Hund.
… als Hilfsverb		Sie **ist** in die Schule **gegangen**.	Sie **hat** einen Test **geschrieben**.

Infinitiv		*sein*	*haben*
Singular	ich	bin	habe
	du	bist	hast
	er/es/sie	ist	hat
Plural	wir	sind	haben
	ihr	seid	habt
	sie	sind	haben
Formell (Sg./Pl.)	Sie	sind	haben

1 Das Verb *sein* – Ergänzen Sie.

Persönliche Informationen

1. ● Bist du Studentin? ○ Nein, ich ______ Automechanikerin.
2. ● ______ ihr heute zu Hause? ○ Ja, wir ______ bis 19 Uhr zu Hause.
3. ● ______ es dir zu kalt in Deutschland? ○ Ja, viel zu kalt!
4. ● Woher ______ ihr? ○ Wir ______ aus Ghana.
5. ● Wie alt ______ du? ○ Ich ______ 29 Jahre alt.
6. ● ______ Sie schon lange in Deutschland? ○ Ja, ich ______ seit 6 Jahren in Aachen.
7. ● Wo ______ Tom? ○ Er ______ im Schlafzimmer. Er ______ müde.

Im Kaufhaus

1. Der Pullover ______ viel zu weit.
2. Die Schuhe ______ zu groß.
3. Der Mantel ______ schwarz.
4. Hier ______ die Jacken.
5. Das Hemd ______ schöner als die Bluse.
6. Die Blusen ______ zu weit.
7. Die Pullover ______ sehr schön.
8. Wer ______ hier zuständig?
9. ______ die Damenmode im zweiten Stock?
10. ______ Sie hier die Verkäuferin?

2 Das Verb *haben* – Ergänzen Sie.

Krankheit

1. ● Ich ____habe____ noch keinen Termin.
   ○ Wann ________ Sie denn Zeit?
2. ● ________ Sie schon Ihr Rezept?
   ○ Ja, danke.
3. ● ________ du Kopfschmerzen?
   ○ Ja, und ich ________ auch Fieber.
4. ● ________ ihr schon einen Termin beim Zahnarzt?
   ○ Nein, wir ________ Angst.
5. ● Kann ich dir helfen? ________ du Hunger?
   ○ Nein, aber ich ________ Durst! Mein Hals tut weh.
6. ● Wo ist Rafik? Er ________ heute einen Termin beim Arzt.
   ○ Ich glaube, den ________ er vergessen.

3 *sein* oder *haben* – Ergänzen Sie.

1. Ich ____bin____ immer müde, morgens ________ mir schlecht, manchmal ________ ich Hunger auf ein Marmeladenbrot mit Senf … ________ ich vielleicht schwanger?
2. Klaus ________ Husten und Schnupfen, sein Kopf ________ heiß, er ________ Fieber, vielleicht ________ er Grippe?

Wohnungssuche

1. ● Wir ________ eine Wohnung für Sie.
2. ○ Das ________ gut. Wie groß ________ die Wohnung?
3. ● 70 qm und sie ________ auch einen Balkon.
4. ○ Wie viele Zimmer ________ die Wohnung?
5. ● Zwei Zimmer, Küche und Bad.
6. ○ Ab wann ________ die Wohnung frei?
7. ● Sie können nächste Woche einziehen.
8. ○ Wie hoch ________ die Miete? ________ die Nebenkosten inklusive?
9. ● Die Miete ________ 750 Euro und die Nebenkosten ________ etwa 180 Euro.

19 Verben mit Präfix: trennbare Verben

▶ Satzklammer: Seite 14

Trennbare Verben haben	einen (Verb-)Stamm	ein**kauf**en
	eine Endung	einkauf**en**
	ein Präfix	**ein**kaufen
ab|fahren	an|rufen	auf|stehen
aus|sehen	ein|kaufen	mit|bringen
um|steigen	(sich) vor|stellen	fern|sehen

	Position 1	Position 2: Verb		Satzende: Präfix
Aussagesatz	Ich	rufe	dich morgen	an.
W-Frage	Wann	rufst	du morgen	an?
Ja/Nein-Frage	Rufst		du morgen	an?
Imperativsatz	Ruf		bitte morgen	an.
mit Modalverb	Ich	muss	dich morgen	anrufen.
Perfekt	Ich	habe	dich gestern	an|ge|rufen.

Trennbare Verben: Der Wortakzent ist immer auf dem ersten Wortteil (Präfix).
Sprechen Sie.

anrufen	Ich rufe dich morgen an. ↘
umziehen	Wann zieht ihr um? ↗
ankreuzen	Bitte kreuzen Sie die Antwort an. ↘

Verben mit Präfix, aber nicht trennbar

Der Wortakzent ist auf dem zweiten Wortteil: *besuchen*.

Diese nicht trennbaren Verben kommen auf dem Niveau A1 vor:

bekommen	bezahlen	gehören	vermieten
benutzen	entschuldigen	übersetzen	verstehen
besichtigen	erklären	übertragen	wiederholen
besuchen	erlauben	überweisen	
bestellen	gefallen	verkaufen	

1 Trennbare Verben im Präsens – Schreiben Sie Sätze.

1. Wann / ihr / umziehen? *Wann zieht ihr um?*
2. Wie lange / eure Kinder / abends fernsehen? ______
3. Der Zug / in Bochum / um 18 Uhr 32 / ankommen. ______
4. Der Film / um 20 Uhr 15 / anfangen. ______
5. Herr Pohl / seine Kinder / von der Schule / abholen. ______
6. Mein Urlaub / am 17. Juli / anfangen. ______
7. Sonntags / ich / gern spät / aufstehen. ______
8. Manchmal / ich / auch am Kiosk / einkaufen. ______
9. Wie / du / denn / aussehen? ______
10. Frau Balzer / immer um 6 Uhr 30 / aufstehen. ______
11. Klaus / im Kino / sein Handy / ausmachen. ______
12. Tomás / jede Woche / seine Mutter / anrufen. ______

2 Trennbare Verben im Perfekt – Schreiben Sie Sätze.

Tagesablauf

1. ich / aufwachen / gestern Morgen / um 5 Uhr / sein *Ich bin gestern Morgen um 5 Uhr aufgewacht.*
2. Sabine / anrufen / haben / und dann war ich wach ______
3. ich / aufstehen / sein ______
4. ich / mich anziehen / haben ______
5. ich / um 6 Uhr / weggehen / sein ______
6. ich / ankommen / sein / um 6 Uhr 30 ______
7. niemand / aufmachen / haben / mir ______
8. der Chef / ankommen / sein / um 8 Uhr ______
9. ich / um 16 Uhr / aufhören / haben / mit der Arbeit ______
10. ich / zurückfahren / mit dem Bus / sein ______
11. ich / hinlegen / mich / haben ______
12. ich / ausschlafen / haben / heute ______

3 Trennbare Verben ⓐ und nicht trennbare Verben ⓑ – Sprechen Sie die Verben laut und kreuzen Sie an.

ⓐ ⓑ ankommen	ⓐ ⓑ bestellen	ⓐ ⓑ entschuldigen	ⓐ ⓑ gefallen	ⓐ ⓑ vermieten
ⓐ ⓑ besuchen	ⓐ ⓑ mitbringen	ⓐ ⓑ erklären	ⓐ ⓑ gehören	ⓐ ⓑ wegfahren
ⓐ ⓑ aufstehen	ⓐ ⓑ besichtigen	ⓐ ⓑ erlauben	ⓐ ⓑ einsteigen	ⓐ ⓑ verstehen
ⓐ ⓑ anrufen	ⓐ ⓑ einladen	ⓐ ⓑ mitkommen	ⓐ ⓑ verkaufen	ⓐ ⓑ wiederholen
ⓐ ⓑ bekommen	ⓐ ⓑ bezahlen	ⓐ ⓑ ankreuzen	ⓐ ⓑ fernsehen	ⓐ ⓑ abschreiben

4 Trennbare Verben und nicht trennbare Verben – Schreiben Sie die Sätze.

Computerkurs

1. der Computerkurs / um 19 Uhr / anfangen — *Der Computerkurs fängt um 19 Uhr an.*
2. die Teilnehmer / die Computer / anmachen ______
3. die Kursleiterin / das Programm / erklären ______
4. die Teilnehmer / sich anmelden / im Netz ______
5. sie / Formulare / ausfüllen ______
6. die Kursleiterin / den Text / übersetzen ______
7. die Teilnehmer / die Übung / wiederholen ______
8. die Teilnehmer / Texte / abschreiben ______
9. sie / die Texte / bearbeiten ______
10. die Texte / gut / aussehen ______
11. die Teilnehmer / die Computer / ausschalten ______
12. die Kursleiterin / den Computerraum / abschließen ______

Persönliche Fragen

	du-Form	*Sie*-Form
1. gern früh aufstehen	*Stehst du gern früh auf?*	*Stehen Sie gern früh auf?*
2. gern einkaufen		
3. gern spazieren gehen		
4. gern die Familie besuchen		
5. gern Freunde anrufen		
6. gern die Freundin einladen		
7. gern abends fernsehen		
8. gern fremde Städte besichtigen		
9. gern im Urlaub wegfahren		
10. gern Rechnungen bezahlen		

20 Modalverben im Präsens

▶ Satzklammer: Seite 15

Formen

Infinitiv	können	müssen	wollen	sollen	dürfen	(möchten)*
ich	kann	muss	will	soll	darf	möchte
du	kannst	musst	willst	sollst	darfst	möchtest
er/es/sie	kann	muss	will	soll	darf	möchte
wir	können	müssen	wollen	sollen	dürfen	möchten
ihr	könnt	müsst	wollt	sollt	dürft	möchtet
sie/Sie	können	müssen	wollen	sollen	dürfen	möchten

**möchten* wird meistens als Vollverb benutzt: Ich möchte einen Saft (trinken/haben).

Modalverben im Satz: Satzklammer

	Modalverb (konjugiert)		Verb (Infinitiv)
● Wann	kannst	du die Kinder	abholen?
○ Ich	kann	die Kinder immer montags	abholen.

Im Aussagesatz und in der W-Frage steht das konjugierte Modalverb auf Position 2.
Das Verb im Infinitiv steht am Satzende.

1 Ergänzen Sie die Modalverben.

Gespräch beim Frühstück

1. ● Wir haben kein Brot mehr. ___Soll___ ich schnell ein paar Brötchen holen? (sollen)
2. ○ Ja, gute Idee! ______________ du Tee? (möchten)
   ● Ja, gern.
3. ■ ______________ du mir mal die Marmelade geben? (können)
4. ○ Sandra und Elias, beeilt euch, ihr ______________ zur Schule gehen. (müssen)
5. ■ ______________ wir heute etwas Schokolade mitnehmen? (dürfen)
6. ○ Wann ______________ ich das Auto haben? (können) Ich ______________ heute in die Stadt fahren. (wollen)
7. ● ______________ wir zusammen fahren? (können) Ich ______________ zum Arzt gehen. (müssen)
8. ○ Martin ______________ heute Nachmittag auch zu Dr. Kraus gehen. (müssen)
   ○ ______________ ihr dann nicht zusammen fahren? (wollen)
9. ● Gut, das geht. ______________ ich ihn von der Schule abholen? (sollen)
   ● Wir ______________ dann in der Stadt etwas essen. (können)

21 Modalverben: Bedeutung

Modalverben können viele Bedeutungen haben. Hier einige Beispiele:

können

Lars **kann** nicht schwimmen.
Man **kann** hier von 9 bis 18.30 Uhr Briefmarken kaufen.

müssen

Luisa **muss** den Deutschkurs morgen bezahlen.
Ich **muss** am Samstag nicht arbeiten.

wollen*

Tom **will** (nicht) nach München fahren.
In einem Jahr **will** ich perfekt Deutsch sprechen können!

sollen

Viele Grüße von Max, ich **soll** dir das Buch geben.
Max hat gesagt, du **sollst** morgen **nicht** kommen. Er hat keine Zeit.

dürfen

Hier **dürfen** Sie parken.
Hier **dürfen** Sie **nicht** parken.

(möchten)*

● Was **möchten** Sie trinken?
○ Ich **möchte** bitte einen Orangensaft.

● Kaffee?
○ Nein, ich **möchte keinen** Kaffee. Haben Sie Tee?

Ich **möchte** im Urlaub **nicht** zu Hause bleiben. Ich **möchte** ans Meer (fahren).

* Persönliche Wünsche formuliert man mit *möchte…* – *wollen* wirkt oft unfreundlich.

1 Markieren Sie das passende Modalverb. Es können auch beide passen.

In der Küche

1. *Musst/Kannst* du bitte die Zwiebeln schneiden? Ich *muss/kann* dann immer weinen.
2. Wir haben das Brot vergessen. Ich *kann/muss* schnell zum Bäcker gehen und Baguette holen.
3. Das Gemüse ist aus dem Garten. Ihr *müsst/wollt* es noch waschen.
4. *Müsst/Möchtet* ihr Musik hören? Was hört ihr denn gern?
5. Ich finde das Rezept nicht. *Kannst/Sollst* du mir helfen?
6. In die Suppe *muss/möchte* viel Sahne. Das schmeckt gut.
7. Wie lange *muss/kann* die Suppe kochen?
8. Eine Viertelstunde? Dann *können/müssen* wir jetzt den Tisch decken.
9. *Möchtest/Willst* du ein Glas Wein trinken?
10. *Darf/Kann* ich mal probieren?
11. Das Rezept ist von meiner Mutter, *soll/will* ich es dir aufschreiben?
12. David *möchte/soll* keine Suppe essen, er isst nur Spaghetti mit Tomatensoße.
13. Maria *darf/soll* keine Sahne essen, sie hat eine Allergie.
14. *Darf/Muss* man bei euch rauchen?

2 Ergänzen Sie die Sätze mit einem Modalverb in der richtigen Form. Es gibt zum Teil mehrere Möglichkeiten.

Bei einer Einladung

1. ● ____________ ihr zum Essen Wein oder Bier trinken?
   ○ Ich nehme ein Bier.
   ■ Und ich ____________ gern ein Glas Weißwein.
2. ● ____________ ich noch mehr Brot holen?
   ○ Ja, bitte.
3. ● ____________ ich dir noch Kartoffeln geben?
   ○ Nein, danke, ich bin satt.
4. ● ____________ ihr nach dem Essen die Fotos ansehen?
   ○ Ja, gern. Wie viele sind es denn?
   ● Es sind 800, aber wir ____________ sie ja nicht alle ansehen.
5. ● ____________ ihr nach dem Essen einen Spaziergang machen?
   ○ Eigentlich gern, aber wir ____________ um 10 zu Hause sein.
   Der Babysitter ____________ dann nach Hause gehen.

22 Vergangenheit: Perfekt

▶ Satzklammer: Seite 16, trennbare Verben: Seite 34, Liste der unregelmäßigen Verben: Seite 73

Das Perfekt bildet man so: *haben* oder *sein* + Verb im Partizip II

Satzklammer	*haben/sein*		Partizip II
Tom	hat	gestern ein Auto	gekauft.
Luisa	ist	gestern ins Kino	gegangen.

Die meisten Verben bilden das Perfekt mit *haben.*

Verb und Partizip II

	regelmäßige Verben		unregelmäßige Verben	
	Infinitiv	Partizip II	Infinitiv	Partizip II
einfache Verben	kaufen lernen arbeiten	**ge**kauf**t** **ge**lern**t** **ge**arbeit**et**	schreiben lesen trinken	**ge**schr**ie**b**en** **ge**les**en** **ge**tr**u**nk**en**
trennbare Verben	einkaufen abholen	ein**ge**kauf**t** ab**ge**hol**t**	aufschreiben vorlesen	auf**ge**schr**ie**b**en** vor**ge**les**en**
nicht trennbare Verben	verkaufen bezahlen entschuldigen	verkauf**t** bezahl**t** entschuldig**t**	bekommen verstehen unterschreiben	bekomm**en** verst**a**nd**en** unterschr**ie**b**en**
Verben auf *-ieren*	passieren telefonieren	passier**t** telefonier**t**		

Auf dem Niveau A1 müssen Sie folgende Verben im Perfekt benutzen können:

Regelmäßig: arbeiten – hat gearbeitet, fragen – hat gefragt, glauben – hat geglaubt, lernen – hat gelernt, machen – hat gemacht, passieren – ist passiert

Unregelmäßig: bleiben – ist geblieben, essen – hat gegessen, fahren – ist gefahren, haben – hat gehabt, lesen – hat gelesen, trinken – hat getrunken, verstehen – hat verstanden

Wortakzent

trennbare Verben:
anrufen

Der Wortakzent ist immer auf dem 1. Wortteil.
Ich habe dich gestern angerufen.

Verben auf -ieren:
telefonieren

Der Wortakzent ist immer auf *-ieren*.
Wir haben am Sonntag mit Peter telefoniert.

nicht trennbare Verben:
verkaufen

Der Wortakzent ist auf dem Verbstamm.
Hast du dein Fahrrad verkauft?

Sprechen Sie die Verben aus der Tabelle oben laut.

Einige wichtige Verben bilden das Perfekt mit *sein*.

Verben der Bewegung:	(ab/weg …)fahren	Er **ist** nach Berlin gefahren.
	(an/mit …)kommen	Niko **ist** nicht mitgekommen. Er ist krank.
	(weg …)gehen	Wir **sind** gleich nach dem Essen weggegangen.
	aufstehen	Ich **bin** heute erst um 9 Uhr aufgestanden.
	(aus/ein …)steigen	Jan **ist** eine Station zu früh ausgestiegen.
	(ab)fliegen	Ihr Flugzeug **ist** vor einer Stunde abgeflogen.
	(weg/mit …)laufen	**Bist** du heute Morgen wieder eine Stunde gelaufen?
Einige andere Verben, z. B.:	bleiben/passieren	○ Niko **ist** zu Hause geblieben. ● Was **ist** passiert? Ist er krank?

Sie können im Deutschen für die Vergangenheit fast immer das Perfekt benutzen.
Ausnahme: ▶ *sein/haben:* Seite 44

TIPP Verben immer mit Infinitiv und Perfektform lernen.

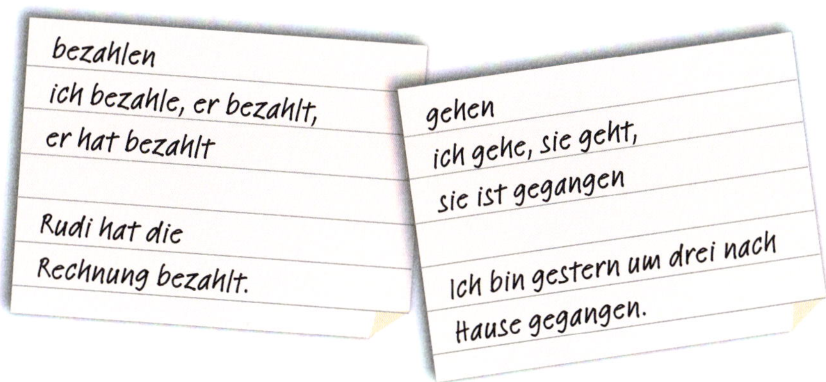

1 Partizip II – Schreiben Sie die Infinitive und ordnen Sie zu: mit *ge-/-ge-* oder ohne.

verkauft • geantwortet • erklärt • studiert • ferngesehen • ausgefüllt • benutzt • gelernt • gekommen • verstanden • bezahlt • gefahren • telefoniert • gekauft • geholt • geschrieben • abgefahren • verdient • gearbeitet • vermietet • überwiesen • gelesen • bestellt • mitgebracht • unterschrieben • angerufen

Partizip II	Infinitiv	Partizip II	Infinitiv
ein ge kauft	einkaufen	erzählt	erzählen

2 Perfekt mit *haben* – Schreiben Sie die Sätze im Perfekt.

1. Tut mir leid, ich verstehe Sie nicht. Tut mir leid, ich habe Sie nicht verstanden.
2. Wo kaufen Sie das Brot? ______
3. Was kostet das Gemüse? ______
4. Wo arbeitest du? ______
5. Wo lernst du Deutsch? ______
6. Schreibst du mit? ______
7. Benutzen Sie ein Wörterbuch? ______
8. Verkaufen Sie Ihr Auto? ______
9. Liest du das Buch ganz? ______
10. Ich unterschreibe das Formular. ______
11. Ich telefoniere mit meiner Mutter. ______
12. Ich rufe meinen Vater an. ______
13. Anna gibt mir das Buch. ______
14. Ich spreche mit ihm. ______

3 Perfekt mit *sein* – Schreiben Sie die Sätze im Perfekt.

1. Ich schwimme eine halbe Stunde. Ich bin eine halbe Stunde geschwommen.
2. Ich laufe zehn Kilometer. ______
3. Ron geht weg. ______
4. Das Flugzeug fliegt ab. ______
5. Ich stehe um 6 Uhr auf. ______
6. Ich bleibe bis 20 Uhr in der Firma. ______
7. Ich steige in Frankfurt aus. ______
8. Sandra fährt nach Warschau. ______
9. Kommt ihr Freund auch mit? ______
10. Ich gehe am Samstagabend weg. ______
11. Tina kommt um 16 Uhr an. ______
12. Wann fährt euer Bus ab? ______
13. Ich komme um 10 Uhr an. ______
14. Maria und Carlos ziehen um. ______

4 Perfekt mit *haben* oder *sein* – Ergänzen Sie die passende Form.

Persönliche Informationen

1. ● Wie lange ______________ du in der Blumenstraße gewohnt?
   ○ Fast drei Jahre. Dann ______________ ich in die Kantstraße umgezogen.
2. ● Wie lange ______________ ihr zu Hause in die Schule gegangen?
   ○ Fünf Jahre und dann ______________ der Krieg angefangen.
3. ● Was ______________ Sie zu Hause gearbeitet?
   ○ Ich ______________ als Lkw-Fahrer gearbeitet.
4. ● Wie lange ______________ ihr in Italien geblieben?
   ○ Ein Jahr, dann ______________ wir nach Deutschland gekommen.
5. ● ______________ du schon einmal deine Eltern zu Hause besucht?
   ○ Ja, ich ______________ im Mai für zwei Wochen hingefahren.
6. ● Wo ______________ Sie Deutsch gelernt?
   ○ Ich ______________ schon zu Hause in Deutschkurse gegangen.

5 Ergänzen Sie die Perfektformen.

Ein Tag

1. Ich ______________ um 6 Uhr ______________________________. (aufstehen)
2. Ich ______________ ins Bad ______________________________. (gehen)
3. Ich ______________ ______________________________. (duschen)
4. Die ganze Familie ______________ zusammen ______________________________. (frühstücken)
5. Dann ______________ die Kinder in die Schule ______________________________. (gehen)
6. Meine Frau ______________ sie ______________________________. (hinbringen)
7. Dann ______________ sie ins Büro ______________________________. (fahren)
8. Ich ______________ die Zeitung ______________________________. (lesen)
9. Dann ______________ ich für das Mittagessen ______________________________. (einkaufen)
10. Danach ______________ ich meinen Computer ______________________________. (anmachen)
11. Ich ______________ meine E-Mails ______________________________. (checken)
12. Um 12 Uhr ______________ ich das Mittagessen ______________________________. (kochen)
13. Um 13 Uhr ______________ die Kinder aus der Schule ______________________________. (kommen)
14. Wir ______________ Spaghetti mit Tomatensoße ______________________________. (essen)
15. Danach ______________ Ailina ihre Hausaufgaben ______________________________. (machen)
16. Mario ______________ eine Stunde mit Freundinnen ______________________________. (telefonieren)
17. Ich ______________ bis 17 Uhr im Arbeitszimmer ______________________________. (bleiben)

23 Vergangenheit: Präteritum von *haben* und *sein*

▶ Perfekt: Seite 40

Vergangenheit: *sein* und *haben* benutzt man meistens im Präteritum.

Infinitiv		sein	haben
Präteritum	ich	war	hatte
	du	warst	hattest
	er/es/sie	war	hatte
	wir	waren	hatten
	ihr	wart	hattet
	sie/Sie	waren	hatten

1 Schreiben Sie die Sätze in der Vergangenheit.

1. Ich habe keine Zeit. __________
2. Wo ist Herr Fischer? __________
3. Ist er im Deutschkurs? __________
4. Nein, er hat einen Termin beim Arzt. __________
5. Ist Tina heute da? __________
6. Ja, sie hat eine Besprechung mit Dr. Müller. __________

2 Schreiben Sie den Dialog im Präsens.

Im Unterricht

● Heute war ein schlechter Tag: Der Unterricht war langweilig und ich war müde und die Testaufgaben waren zu schwer.
○ Wie viele Fehler hattest du denn?
● Zu viele! Ich hatte 20 Fehler.
○ Und Maria? War Maria im Kurs?
● Nein, deshalb war es ja so langweilig!
○ Wo war sie?
● Sie war zu Hause. Sie hatte Bauchschmerzen. Am Nachmittag war sie beim Arzt.

● *Heute ist ein schlechter Tag. Der Unterricht* __________

24 Imperativ

▶ Imperativsatz: Seite 11

So bilden Sie die Imperativformen:

Präsens	Imperativform	Imperativsatz		
		Position 1	Position 2	
Sie machen	*Sie*-Form: **Machen** Sie	**Machen**	Sie	einen Lernplan.
du sprichst	*du*-Form: ~~du~~ **sprich**~~st~~	**Sprich**		den Dialog laut.
ihr übt	*ihr*-Form: ~~ihr~~ **übt**	**Übt**		die Wörter gemeinsam.

1 *du, Sie, ihr* – Schreiben Sie Imperativsätze.

Lerntipps

1. einen Zeitplan machen — *Mach / Machen Sie / Macht einen Zeitplan.*
2. nicht zu viel auf einmal lernen — ______
3. öfter kleine Pausen machen — ______
4. mit einer Partnerin lernen — ______
5. gemeinsam Dialoge üben — ______
6. Texte laut sprechen — ______
7. regelmäßig wiederholen — ______
8. zu Hause selbstständig weiterlernen — ______
9. viel Radio hören — ______
10. viel Deutsch lesen — ______

Anweisungen

11. anrufen / im Sekretariat / bitte — *Ruf / Rufen Sie / Ruft bitte im Sekretariat an.*
12. den Brief / schreiben / bitte / an Frau Throm — ______
13. bitte / aufräumen / das Büro — ______
14. kommen / bitte / zum Chef — ______
15. helfen / der neuen Kollegin / bitte — ______
16. das Licht / bitte / anmachen — ______
17. den Computer / ausmachen / bitte — ______
18. die E-Mails / bitte / ausdrucken — ______

25 Zusammenfassung: Verbformen

1 P Wählen Sie für jede Lücke die passende Verbform.

Lieber Ron,

ich ___1___ dir lange nicht ___2___. Das tut mir leid. Ich ___3___ viel Arbeit in der letzen Zeit. Zuerst ___4___ ich einen Job ___5___ und Gott sei Dank auch ___6___. Ich ___7___ jetzt bei einer Schreinerei. Jetzt ___8___ ich eine neue Wohnung ___9___. Das ___10___ gar nicht so einfach. Es ___11___ viele Wohnungen, aber sie ___12___ teuer. Man ___13___ auch billige Wohnungen, aber die ___14___ oft schlecht und sehr klein.

Die Arbeit ___15___ mir Spaß. Der Chef ___16___ sehr nett. Die Kollegen sind auch fast alle sehr nett. Sie ___17___ mir in den ersten Tagen viel ___18___. Nur einer spielt immer den Super-Chef: ___19___ Sie mal her! ___20___ Sie mal dies und bringen Sie mal das! Du ___21___ schon … Aber die anderen haben gesagt, ich ___22___ nur ruhig bleiben, er ist auf die Dauer nicht so schlimm. Zurzeit ___23___ ich noch viel in der Werkstatt ___24___. Später ___25___ ich dann mehr im Büro ___26___: ___27___, Briefe ___28___ usw.

Freizeit ___29___ ich noch nicht so viel, aber ich ___30___ schon einmal im Kino und ich ___31___ auch schon ein paar Kneipen ___32___.

___33___ mir mal wieder!

Deine

Sabeth

1. [a] habe [b] hast
2. [a] geschrieben [b] schreibe
3. [a] hatte [b] hatten
4. [a] habe [b] hatte
5. [a] gesucht [b] suchen
6. [a] finde [b] gefunden
7. [a] arbeite [b] arbeitest
8. [a] muss [b] müsst
9. [a] finden [b] gefunden
10. [a] ist [b] sind
11. [a] gebe [b] gibt
12. [a] sind [b] waren
13. [a] finde [b] findet
14. [a] seid [b] sind
15. [a] machen [b] macht
16. [a] bin [b] sind
17. [a] haben [b] hattest
18. [a] geholfen [b] hilft
19. [a] Komm [b] Kommen
20. [a] Holen [b] Holt
21. [a] weißt [b] wissen
22. [a] soll [b] sollst
23. [a] muss [b] müssen
24. [a] geholfen [b] helfen
25. [a] soll [b] sollt
26. [a] arbeiten [b] gearbeitet
27. [a] telefoniere [b] telefonieren
28. [a] geschrieben [b] schreiben
29. [a] hatte [b] hatten
30. [a] bin [b] war
31. [a] habe [b] war
32. [a] besuchen [b] besucht
33. [a] Schreib [b] Schreiben

2 Welches Verb passt wohin?

Entschuldigung für den Sohn

[entschuldigen • hat • kann • ist • gehen]

Sehr geehrte Frau Wolkenstein,

mein Sohn Enis ______________ krank. Er ______________ Grippe. Er ______________ diese Woche nicht in die Schule ______________.

Bitte ______________________________ Sie sein Fehlen.

Amir Yanarsönmez

Notiz für den Nachbarn

[weggehen • hatte • hat angerufen • komme • geben • liegt • muss • Kannst]

Lieber Caio,

ich ______________ jetzt schnell ______________. Meine Mutter ____________________________.
Sie ______________ einen Unfall und ______________ im Krankenhaus. ______________ du bitte meinen Blumen Wasser ______________? Ich ______________ am Freitag oder Samstag zurück.

Liebe Grüße

Silke

Kurzer Brief an eine Freundin

[habe • geht • wollen • Wisst • besuchen • haben • war • kommen • aufhören • arbeiten • fliegen • Seid • geschrieben • muss • geantwortet • hat]

Hallo, Birsen,

ich ______________ sehr glücklich über deinen Brief. Ashwani und mir ______________ es gut.
Wir ______________ viel, aber wir ______________ auch Zeit für uns.
In den nächsten Ferien ______________ wir nach Hause ______________ und euch ______________.
______________ ihr im Juni zu Hause?
______________ ihr etwas von Sandra Seelig? Ich ______________ ihr einen Brief ______________, aber sie ______________ nicht ______________. Ich ______________ jetzt ______________.
Die Kinder ______________ gleich von der Schule.
Schreibt mal wieder!

Liebe Grüße

Christa

26 Grammatik in Texten: Das Verb steht im Zentrum

1 Lesen Sie Text 1 und markieren Sie die Verben. Schreiben Sie dann Text 2 und 3 mit den passenden Verben aus Text 1.

Text 1

Mein Name (ist) Olga Mischnik. Ich bin 28 Jahre alt und wohne in Kaiserslautern. Ich bin verheiratet und habe eine Tochter. Sie heißt Raiza und ist 6 Jahre alt. Mein Mann heißt Boris. Er ist 30 Jahre alt. Er ist Logistiker von Beruf und arbeitet zurzeit in einer Umzugsfirma. Ich lebe seit 12 Jahren in Deutschland. Ich komme aus der Ukraine, aus Kiew. Meine Eltern wohnen in Pirmasens. Das ist nicht weit von Kaiserslautern.

Text 2

Mein Name Boris Mischnik. Ich 30 Jahre alt. Ich mit meiner Familie in Kaiserslautern. Meine Frau Olga. Sie aus der Ukraine. Sie seit 12 Jahren in Deutschland. Ihre Eltern in Pirmasens und meine in Mannheim. Ich als Logistiker in einer Umzugsfirma.

Mein Name ist Boris Mischnik. ______________________

____

____

____

____

Text 3

Ich Sarah Blomberg und 45 Jahre alt. Ich seit zwei Jahren bei SAP in Walldorf. Ich Informatikerin von Beruf. Ich aus Schottland, aus Glasgow. Seit einigen Monaten ich einen Freund. Er in Heidelberg und dort in der Universitätsklinik. Er Krankenpfleger.

____

____

____

____

____

27 Nomen und Artikel – Numerus: Singular und Plural

▶ Komposita: Seite 70, Artikelwörter: Seite 53

	Maskulinum	Neutrum	Femininum
Nomen schreibt man groß:	der **T**isch	das **B**uch	die **T**afel
Es gibt viele Pluralformen, z. B.:	die Tisch**e**	die B**ü**ch**er**	die Tafel**n**
Es gibt drei bestimmte Artikel:	der	das	die
Bestimmter Artikel im Plural:	die	die	die
Es gibt zwei unbestimmte Artikel:	ein	ein	eine
Unbestimmter Artikel negativ:	kein	kein	keine
Unbestimmter Artikel im Plural:	–	–	–
Unbestimmter Artikel negativ Pl.:	keine	keine	keine

TIPP Nomen immer mit Artikel, Pluralform und Beispiel lernen. Machen Sie sich Lernkarten für „schwierige“ Nomen.

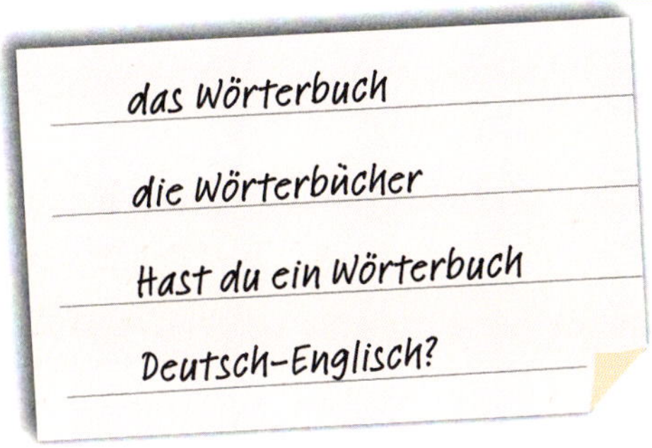

Nomen und Artikel – Genus: *der, das* oder *die*?

Immer Neutrum: alle Nomen auf	**-chen**	das Mäd**chen**
Immer Femininum: alle Nomen auf	**-ung** **-heit** **-keit** **-tion** **-ei**	die Rechn**ung** die Gesund**heit** die Pünktlich**keit** die Informa**tion** die Bäcker**ei**

	Maskulinum	Femininum
Personen/Berufe	der Arbeit**er** der Verkäuf**er** der Student	die Arbeiter**in** die Verkäufer**in** die Student**in**
Nationalitäten	der Italiener der Chinese der Deutsche	die Italiener**in** die Chines**in** ! die Deutsche

1 Wortgruppen – Hier sind Nomen aus der Wörterliste für A1. Überlegen Sie: Kennen Sie die Bedeutung, die Artikel und die Pluralformen?

… die Firma, die Firmen, das Angebot, die Angebote, die …

Haus • Wohnung • Miete • Schlafzimmer • Bett • Küche • Kühlschrank • Herd • Bad • Dusche • Balkon • Garten

Bein • Auge • Haar • Bauch • Hand • Fuß • Arm • Kopf • Fieber

Bluse • Hose • Rock • Jacke • Pullover • Mantel

Blume • Baum

Anfang • Ende

Ankunft • Abfahrt • Auskunft • Fahrkarte • Durchsage • Bahnhof • Gleis • Eingang • Ausgang • Aufenthalt • Gepäck • Automat • Ausflug

Bäckerei • Geschäft • Supermarkt • Café • Restaurant

Job • Arbeit • Arbeiter • Arbeitsplatz • Beruf

Kasse • Geld • Konto

Mittagessen • Fisch • Fleisch • Gemüse • Kartoffel

Morgen • Mittag • Abend • Tag • Nacht

Absender • Empfänger • Datum • Adresse • Einladung • Glückwunsch • Dank • Brief • Briefmarke • Briefkasten

Frühstück • Ei • Butter • Brot • Brötchen • Kaffee

Hobby • Glück • Hilfe • Ausstellung • Bild • Film • Karte • Eintritt

Firma • Angebot • Antwort • Kunde

Internet • Computer • Bleistift • Papier • Telefon • Anruf • Handy

Hotel • Anmeldung • Information • Ausweis • Gast • Gruppe

Hunger • Durst • Getränk • Flasche • Glas

Obst • Apfel • Banane • Birne

Geburtstag • Feier • Geschenk • Buch

Heimat • Dorf • Stadt

2 Schreiben Sie Sätze mit mindestens je zwei Nomen aus einer Wortgruppe.

Vergiss den Absender und den Empfänger nicht und nimm eine 70-Cent-Briefmarke.

28 Nomen und Artikel – Kasus: Nominativ und Akkusativ

▶ Artikelwörter: Seite 53

Die meisten Nomen haben im Nominativ und Akkusativ denselben Artikel.
Bei den Artikeln gibt es nur einen Unterschied: Akkusativ im Maskulinum *-(e)n*.

	Singular			Plural		
	Maskulinum	Neutrum	Femininum	Maskulinum	Neutrum	Femininum
Nominativ: (Das ist/sind …)	ein Apfel. der Apfel.	ein Brot. das Brot.	eine Birne. die Birne.	Äpfel. die Äpfel.	Brote. die Brote.	Birnen. die Birnen.
Akkusativ: (Ich hätte gern …)	ein**en** Apfel. de**n** Apfel.	ein Brot. das Brot.	eine Birne. die Birne.	zwei Äpfel. die Äpfel.	drei Brote. die Brote.	vier Birnen. die Birnen.

Nominativ oder Akkusativ? Das Verb bestimmt den Kasus. Die meisten Verben haben Akkusativ.

TIPP Verben immer mit Kasus und Beispiel lernen.
Einige wichtige Verben mit Akkusativ:

bestellen • mögen (ich möchte) • essen • trinken • bezahlen • mieten • vermieten

lesen • lernen • schreiben • verstehen • wissen

aufmachen • zumachen

brauchen • suchen • finden • kaufen • verkaufen

haben • machen

öffnen • kochen • schneiden • nehmen

einladen • besuchen • kennen • mögen (ich mag)

kaufen (A)
Bitte kauf einen Liter Milch. Hast du ein Brot gekauft?

1 Schreiben Sie Lernkarten zu den Verben oben.

2 Verben und Akkusativergänzungen – Was passt zusammen?

1. Ich möchte ____ a) den Käse in kleine Stücke.
2. Trinkst du morgens ____ b) die Wohnung auch möbliert?
3. Wir besuchen morgen ____ c) einen Apfel und vier Tomaten.
4. Vermieten Sie ____ d) das Heidelberger Schloss.
5. Wann machen Sie ____ e) immer eine Tasse Kaffee?
6. Mein Freund liest abends ____ f) einen Fahrschein.
7. Schneiden Sie ____ g) den Laden auf?
8. Wir brauchen noch ____ h) immer die Zeitung und ab und zu ein Buch.

3 Ergänzen Sie links die Artikel. Schreiben Sie dann rechts die Akkusativformen.

Kleidung kaufen

1. ________ Hose — Ich möchte bitte d________ Hose anprobieren.
2. ________ Rock — Ich habe mir e________ Rock gekauft.
3. ________ Hemd — Kannst du mir d________ Hemd für die Party ausleihen?
4. ________ Mantel — Ich habe e________ super Wintermantel gesehen.
5. ________ Strumpfhose — Ich muss mir e________ Strumpfhose kaufen.
6. ________ Paar Socken — Du musst dir e________ Paar Socken kaufen.
7. ________ Anorak — Mein Sohn braucht e________ Anorak für den Sommer.
8. ________ Kleid — Ich nehme d________ Kleid. Ich finde es sehr schön.
9. ________ BH — Ich will morgen in die Stadt fahren und e________ BH kaufen.
10. ________ Kopftuch — Ich möchte d________ Kopftuch anprobieren.

4 Ergänzen Sie die Artikel.

Essen zu Hause

1. Ich brauche e________ Messer. Wo ist d________ Messer?
2. Kannst du bitte d________ Teller auf den Tisch stellen? Wir sind zu viert.
3. Ich hätte gern e________ Salat mit Tomaten und Gurken.
4. Zuerst musst du d________ Salat waschen und dann d________ Tomaten dazugeben.
5. Ich will morgen e________ Gemüseauflauf kochen.

Essen im Restaurant

6. Ich hätte gern e________ Apfelsaft
   und e________ Pizza Diavolo.
7. Bringen Sie mir bitte d________ Speisekarte.
8. Ich möchte e________ großen Salat.
9. Haben Sie e________ Früchtetee?
10. Trinkst du auch e________ Bier?

Sport und Hobbys

11. Ich mache im Winter e________ Skikurs.
12. ● Spielst du e________ Instrument?
    ○ Leider nein.
13. Meine Tochter will e________ Fußball zum Geburtstag.
14. ● Liest du gern mal e________ Buch?
    ○ Ja, aber ich habe wenig Zeit.
15. Am Tag mache ich d________ Fernseher nie an, aber ich höre oft Radio beim Autofahren.

29 Artikelwörter (1): *dieser, dieses, diese – welcher, welches, welche*

Dieser **und** ***welcher*** **funktionieren wie der bestimmte Artikel** ***(der/das/die).***

Nominativ	Maskulinum	Neutrum	Femininum	Plural
bestimmter Artikel:	der	das	die	die
Demonstrativartikel:	dieser	dieses	diese	diese
Frageartikel:	welcher	welches	welche	welche

Akkusativ	Maskulinum	Neutrum	Femininum	Plural
bestimmter Artikel:	den	das	die	die
Demonstrativartikel:	diesen	dieses	diese	diese
Frageartikel:	welchen	welches	welche	welche

1 Nominativ oder Akkusativ – Ergänzen Sie die Endungen.

Kleidung kaufen

1. ● Welch____ Rock gefällt Ihnen?
   ○ Ich möchte gern dies____ Rock anprobieren.
2. ● Welch____ Mantel findest du gut?
   ○ Den da, und probier mal dies____ Schal dazu. Der steht dir bestimmt.
3. ● Dies____ Hemd ist zu eng.
   ○ Welch____ Größe tragen Sie?

Straßenbahn und Bus

4. ● Entschuldigung, welch____ Straßenbahn fährt zum Karlsplatz?
   ○ Die Linie 1, aber Sie können auch dies____ Bus hier nehmen.
5. ● Welch____ Bus muss ich nach Dürkheim nehmen?
   ○ Dies____ Bus fährt nach Dürkheim, aber er braucht lang. Fahren Sie lieber mit der S-Bahn.
6. ● Welch____ Bus fährt auch nachts, dies____ hier oder die Nr. 24?
   ○ Dies____ Bus fährt nur bis 23 Uhr. Die Nr. 24 fährt bis 1 Uhr.
7. ● Welch____ S-Bahn muss ich nach Bruchsal nehmen?
   ○ Das ist die S2. Sie können gleich dies____ Zug hier nehmen.

30 Artikelwörter (2): *kein, mein/dein …*

Das sind die Possessivartikel:

ich	du	er	es	sie	wir	ihr	sie/Sie
mein/e	dein/e	sein/e	sein/e	ihr/e	unser/e	euer/eure	ihr/e / Ihr/e

	ICH	**DU**
der/ein Löffel	**mein** Löffel	**dein** Löffel
das/ein Messer	**mein** Messer	**dein** Messer
die/eine Gabel	**meine** Gabel	**deine** Gabel
die/– Löffel/Messer/Gabeln	**meine** Löffel/Messer/Gabeln	**deine** Löffel/Messer/Gabeln

Die Possessivartikel *mein/dein/sein* … funktionieren wie *kein.*

Nominativ	Maskulinum	Neutrum	Femininum	Plural
unbestimmter Artikel	ein Tisch	ein Buch	eine Tasse	Tische/Bücher …
negativ	kein Tisch	kein Buch	keine Tasse	keine …
Possessivartikel	mein* Tisch	mein* Buch	meine* Tasse	meine* …

Akkusativ	Maskulinum	Neutrum	Femininum	Plural
unbestimmter Artikel	ein**en** Tisch	ein Buch	eine Tasse	–
negativ	kein**en** Tisch	kein Buch	keine Tasse	keine …
Possessivartikel	mein**en*** Tisch	mein* Buch	meine* Tasse	meine* …

* Ebenso: *dein, sein, ihr/Ihr, unser, euer* (Fem./Pl.: *eure*), *ihre/Ihre*

1 Wer ist wer? Lesen Sie genau und kreuzen Sie an.

	L	H	L+H
Lara (L) und Henry (H) sind umgezogen. Ihre Wohnung liegt in der Weststadt.	○	○	⊗
Ihre Wohnung ist jetzt in der Nähe von Laras Eltern. Heute Abend	○	○	○
kommen ihre Eltern zu Besuch. Henrys Eltern sind im Urlaub.	○	○	○
Lara: Herzlich willkommen in unserer neuen Wohnung.	○	○	○
Laras Mutter: Wie lange bleiben deine Eltern an der Nordsee?	○	○	○
Haben sie schon eure neue Telefonnummer?	○	○	○
Henry: Nein, unser Telefon ist noch nicht da,	○	○	○
aber sie haben meine Handynummer.	○	○	○
Laras Mutter: Funktioniert eure Waschmaschine schon?	○	○	○
Lara: Unsere Waschmaschine ist kaputt, aber Henry muss	○	○	○
seine Hose waschen. Können wir eure mal benutzen?	○	○	○

2 Ergänzen Sie die Possessivartikel.

Familie

1. Ich heiße Tim Bernhard und bin 32 Jahre alt. Ich bin verheiratet. ______________ Frau heißt Sandra. Sie ist auch 32. ______________ Kinder heißen Ben und Silke. Unser Haus steht in Dirmstein (Pfalz). ______________ Sohn ist 6 Jahre alt. ______________ Freunde und er spielen fast jeden Tag bei uns im Garten. Manchmal besucht er auch ______________ Freund Georg. ______________ Tochter besucht lieber ______________ Freundinnen.
2. ● Wo wohnen d______________ Eltern?
   ○ ______________ Mutter wohnt bei uns. ______________ Vater ist schon tot.
3. ● Ich habe gestern Morgen d______________ Sohn in der Straßenbahn getroffen.
   ○ ______________ Sohn? Gestern Morgen? Da hatte er doch Schule!
4. ● Kennst du Pia? ______________ Großmutter ist schon 102 Jahre alt.
   ○ Wahnsinn! Aber ______________ Eltern sind ja auch schon über 80.
5. ● Rolf sagt, er will ______________ Freundin Anne heiraten.
   ○ Ja, aber Anne will ______________ Ex-Freund Rolf nicht heiraten.
   ● Was, bist du sicher?

In der Firma

1. ● Ist d______________ Kollege krank?
   ○ M______________ Kollege? Nein, warum?
   ● Er ist heute nicht zur Arbeit gekommen.
2. ● U______________ Firma hat Probleme.
   ○ E______________ Firma?! Welche denn?
   ● U______________ Chef will uns morgen informieren.
3. ● Frau Stein, wann nehmen Sie Ihren Urlaub?
   ○ Ich muss m______________ Urlaub im August nehmen. Da sind Schulferien.
4. ● Wie viele Stunden arbeitest du pro Woche?
   ○ 40 Stunden. Aber oft müssen m______________ Kollegen und ich 44 Stunden arbeiten.
5. ● Hat Frau Stoiber ihre Krankmeldung schon abgegeben?
   ○ Sie ist im Krankenhaus, aber ich rufe i______________ Mann an.
6. ● Rico hat letzte Woche s______________ Lohn nicht bekommen.
   ○ Warum?
   ● Keine Ahnung, s______________ Chef sagt, die Firma hat ein Problem mit i______________ Buchhaltungsprogramm.

31 Indefinita: *alle, viele, man …*

Diese Indefinita müssen Sie auf dem Niveau A1 kennen:

100% — alle / alles — viele / viel — etwas — wenig — nichts — 0%

Sachen	alles	Mir schmeckt nicht **alles**, aber Schnitzel finde ich z. B. super.
	viel	Ich habe auch schon **viel** ausprobiert.
	etwas	Ich habe **etwas** Hunger, aber nicht **viel**.
	wenig	Ich esse zurzeit nur **wenig**.
	nichts	Ich auch. Zum Frühstück esse ich **nichts**.
	welch-	Ich habe kein Brot mehr, hast du **welches**?
Personen	man	**Man** kann in Deutschland gut essen.
Personen/Sachen	alle	**Alle** Busse fahren ins Stadtzentrum.
	viele	**Viele** Leute fahren immer mit dem Bus in die Stadt.

1 Welches Indefinitum passt? Markieren Sie.

Deutsch lernen

1. *Man/Alles/Alle* muss oft wiederholen. Dann funktioniert das Lernen.
2. *Viele/Etwas/Man* Schüler schreiben nicht gern.
3. Können Sie den Satz noch einmal sagen, ich habe *nichts/alle/man* verstanden.
4. *Etwas/Viele/Alles* Lehrer sprechen zu schnell.
5. Mit *etwas/alle/alles* Zeit kann *man/wenig/nichts* eine Sprache gut lernen.
6. Ich kann nicht mit in die Stadt kommen. Ich muss noch so *viele/viel/wenig* lernen.
7. So lernt *man/alles/viele* effektiv: jeden Tag eine halbe Stunde, nicht drei Stunden an einem Tag.
8. Ich habe meine Wortschatz-Karten vergessen, hast du *welche/etwas/viel* für mich?

2 Wo passen die Indefinita? Schreiben Sie die Sätze.

Schule und Beruf

1. Für Berufe in Deutschland braucht eine Berufsausbildung. – (viele/man)

   Für viele Berufe in Deutschland braucht man eine Berufsausbildung.

2. In Deutschland sind Menschen arbeitslos und bekommen nur Hilfe. – (*viele/wenig)*

   ______

3. Jugendlichen müssen in Deutschland in die Schule gehen. – (alle)

   ______

4. Ohne Ausbildung sind die Jobs schlecht. Man muss arbeiten und verdient wenig. – (viel/man)

   ______

5. Schüler arbeiten und verdienen Geld. – (viele/etwas)

   ______

32 Personalpronomen

▶ Verben mit Akkusativ: Seite 51, Präpositionen und Kasus: Seite 59

Das sind Personalpronomen:

Nominativ	ich	du	er	es	sie	wir	ihr	sie/Sie
Akkusativ	mi**ch**	di**ch**	ih**n**	es	sie	uns	euch	sie/Sie
Dativ	mi**r**	di**r**	ih**m**	**ihm**	**ihr**	uns	euch	**ihnen/Ihnen**

Welcher Kasus? Das hängt vom Verb oder von der Präposition ab.

lernen + (Akk) — Der Dialog ist schwer. Luisa lernt **ihn** auswendig.

helfen + (Dat) — Tom hilft **ihr**.

mit + (Dat) — Tom lernt die Grammatik mit **ihr**.

Diese Verben und Ausdrücke mit Dativ sind auf dem Niveau A1 wichtig:
danken, gehören, gefallen, helfen, es geht (mir gut/schlecht)

1 Ergänzen Sie die Personalpronomen.

Persönliche Informationen

1. ● Wie geht es *Ihnen* ?
   ○ Danke, ______________ geht es gut.
   Und ______________?
   ● Danke, ______________ auch.
2. ● Sonja, darf ich ______________ meinen Freund Ron vorstellen?
   Ron, das ist Sonja Tiele, eine Freundin von ______________.
   ○ Guten Tag, Frau Tiele.
3. ● He, ihr zwei, gehören ______________ die Fahrräder da drüben?
   ○ Ja, die gehören ______________. Wieso?
   ● Die müsst ______________ abschließen. Sonst sind ______________ weg.
4. ● Frau Beime, kann ich ______________ heute mal kurz sprechen?
   ○ Wann möchten ______________ mit ______________ sprechen?
   ● Kann ich um drei zu ______________ kommen?
   ○ Ja, das geht.
5. ● Wo ist eigentlich Mario? Hast du ______________ gesehen?
   ○ Er ist zu Ailina gegangen. Er hat mit ______________ telefoniert.
6. ● Sandra und Sabine, der Chef will mit ______________ sprechen.
   ○ Mit ______________? Was will ______________ denn von ______________?
   ● Keine Ahnung! Das dürft i__________ m__________ nicht fragen.

33 Pronomen im Text

1 Wer ist wer? Ergänzen Sie die passenden Namen/Abkürzungen.

Victor (V) und Maria (M) sind zu einer Hochzeit eingeladen. Victor braucht einen Anzug. Sie sind in der Stadt zum Einkaufen. Ihre Freundin Anne (A) ist auch mitgekommen.

Anne: Ich zeige *euch* (__V/M__) ein Geschäft. Es hat letzte Woche aufgemacht.

Da findet *ihr* (________) bestimmt etwas.

Verkäuferin: Guten Tag, kann ich *Ihnen* (________) helfen?

Victor: Ja, können Sie *mir* (________) einen blauen Anzug zeigen? Größe 48.

Anne: Komm, Maria, wir suchen *ihm* (________) eine schöne Krawatte aus.

Hier, die passt gut zu *ihm* (________), eine Farbe wie seine Augen!

Maria: *Mir* (________) gefällt sie aber nicht. Sie passt nicht zu meinem Abendkleid.

Verkäuferin: Gefällt *Ihnen* (________) der Anzug?

Victor: Maria, wie gefalle ich *dir* (________)?

Maria: Na ja, ich weiß nicht. Wie findest du den Anzug, Anne?

Anne: Hm, den Anzug? Etwas eng am Bauch.

Victor: Die Hochzeit ist erst in vier Wochen. Zwei Kilo weniger und dann passt er *mir* (________).

Verkäuferin: Ich finde, die Farbe steht *Ihnen* (________) sehr gut.

Maria: Aber sie passt nicht zu meinem Kleid. Komm, Victor, wir stellen *uns* (________) zusammen vor den Spiegel.

Ich finde, das Blau macht *dich* (________) alt. Und ich sehe neben *dir* (________) auch nicht gut aus.

Victor: Anne, wie findest du *sie* (________)? Ich finde, Maria sieht super neben mir aus!

Anne: Mein Gott!! Warum bin ich nur mit *euch* (________) mitgekommen? Ich gehe jetzt einen Kaffee trinken. Treffen wir *uns* (________) in einer Stunde im „Talex", o.k.?

Maria: Du kannst *mich* (________) jetzt nicht alleine lassen.

Anne: Doch. Ich muss etwas trinken.

Verkäuferin: Kann ich *Ihnen* (________) vielleicht auch einen Kaffee anbieten?

34 Präpositionen und Kasus

Das sind Präpositionen: für, aus, an, in

Präpositionen haben einen Kasus:

für + Akkusativ	Ich suche ein Buch **für** mein**en** Sohn.
aus + Dativ	Nimm das Buch **aus** de**m** Regal.
an + Dativ	Wir machen immer **am** (**an** de**m**) Meer Ferien.
an + Akkusativ	Wir fahren meistens **ans** (**an** da**s**) Mittelmeer.

Immer mit Akkusativ:	*für, ohne*
Immer mit Dativ:	*ab, aus, bei, mit, nach, seit, zu, von, von … bis* (lokal)
Dativ oder Akkusativ:	*an, auf, in, vor*

TIPP Die wichtigsten Präpositionen mit Dativ können Sie sich so merken:

HERR **VON NACHSEITZU**
UND FRAU **AUSBEIMIT**
BLEIBEN MIT DEM DATIV FIT.

1 Welche Präposition passt? Markieren Sie.

Ausbildung und Beruf

1. Ich arbeite *von/seit/aus* drei Jahren *bei/zu/vor* der Firma Peymann & Söhne.
2. *Im/Von/Aus* Februar habe ich Urlaub. Ich will *nach/in/vor* Norddeutschland fahren.
3. *Von/Seit/Ab* 2010 *seit/bis/ab* 2014 habe ich an der Fachhochschule studiert.
4. *Nach/Zu/Aus* meiner Ausbildung als Elektriker habe ich *bei/ab/vor* der Firma Elektrolax gearbeitet.
5. Kommst du *nach/seit/bei* der Arbeit noch mit ein Bier trinken?
6. Ich arbeite jede Woche *seit/von* Montag *bis/zu* Freitag.
7. Ich fange morgens *um/bei* sieben Uhr an und arbeite *bis/von* 16 Uhr.
8. Herr Kufur, können Sie morgen bitte schon *ab/seit/von* sechs Uhr arbeiten? Herr Beil ist krank.

Verkehr

1. ● Wie komme ich *beim/zum/aus* Berliner Platz?
   ○ Fahren Sie *mit/ab/vor* der Linie 1.
2. ● Wo finde ich das Rathaus?
   ○ Das ist *in/aus/bei* der Hauptstraße Nr. 86.
3. ● Ich muss *bei/zu/nach* Dresden, wie komme ich dahin?
   ○ Fahr doch *aus/mit/seit* der Bahn.
4. *Ab/Bis/In* Montag, dem 23. Mai, gibt es einen neuen Fahrplan.
5. Die Gartenstraße geht *zum/vom/am* Bebelplatz vor *den/bis zum/nach dem* Rathausplatz.
6. Ich fahre immer *für/ohne/nach* Auto in die Stadt, meistens *ohne/mit/ab* dem Fahrrad.
7. ● Ich suche die Post.
   ○ Gehen Sie *bis zur /in die /von der* Kreuzung und dann rechts.
8. Am Wochenende möchten wir *zu/bei/nach* Hamm fahren.

35 Präpositionen: temporal (Zeit)

Sie fragen: Wann? – Wie lange? – Seit wann? – Bis wann? – Um wie viel Uhr?

Auf dem Niveau A1 sind diese Präpositionen wichtig:

Dativ	
an/am	Wir beginnen unseren Kurs **am** 1. März.
ab	**Ab** de**m** 20. Juli bin ich in Ferien.
in/im	**Im** Sommer machen wir unser Kursfest.
nach	**Nach** mein**er** Lehre habe ich drei Monate Urlaub gemacht.
seit	Ich lebe jetzt **seit** 12 Monaten in Deutschland.
von … bis	**Vom** elften Juni **bis** zu**m** dritten Juli muss ich jeden Tag arbeiten.
vor	**Vor** dem Unterricht können wir noch eine Pizza essen gehen.
zu/zum	Viele Deutsche essen **zum** Frühstück gern Toastbrot mit Marmelade.
Akkusativ	
bis	Schreiben Sie bitte **bis** nächste**n** Montag Ihren Lebenslauf als Tabelle.
für	2015 war ich **für** eine**n** Monat in der Schweiz und habe dort ein Praktikum gemacht.
über	Ich habe **über** eine Stunde für den Lebenslauf gebraucht.
um	Der Film beginnt **um** 20 Uhr 15 und ist erst um 23 Uhr zu Ende.

1 Lesen Sie die Beispiele oben und ergänzen Sie dann die Präpositionen.

1. Ich muss heute ___ab___ 20.15 Uhr fernsehen. Es kommt ein Krimi.
2. Kannst du mir die DVD ______________ Montag geben? Ich finde den Film super.
3. Gestern habe ich beim Arzt ______________ zwei Stunden gewartet.
4. Im Juli fahre ich ______________ drei Wochen zu meinen Eltern nach Polen.
5. Ich trinke ______________ Abendessen gern ein Bier.
6. Der Kurs geht ______________ Januar ______________ Juli.
7. Kommst du ______________ dem Unterricht zu mir? Dann gehen wir zusammen hin.
8. Ich mag Deutschland ______________ Sommer. Der Winter ist mir zu kalt.
9. Wir sind ______________ dem 21. Juli in Urlaub.
10. Die Nachrichten gehen von 8 Uhr bis Viertel ______________ 8.
11. Ich lerne ______________ drei Monaten Deutsch. Es geht schon ganz gut.
12. Ich bin ______________ 29. Februar 1994 geboren.

36 Präpositionen: lokal (Ort/Richtung) und modal (Art und Weise)

Sie fragen: Wo? (Ort ●) Wohin? Woher? (Richtung →)

Auf dem Niveau A1 sind diese Präpositionen wichtig:

Dativ		
an	Das Fahrrad steht **an der** Haltestelle.	●
auf	Das Essen steht **auf** de**m** Tisch	●
aus	Birsen kommt **aus der** Türkei.	→
bei/beim	Wir essen heute **bei** unsere**n** Freunden.	●
hinter	Der Park ist gleich **hinter** de**m** Haus.	●
in/im	Wir machen ein Picknick **im** Park.	●
nach	Der Zug fährt **nach** Berlin.	→
neben	Ich parke mein Auto **neben der** Apotheke.	●
unter	Das Buch liegt **unter der** Zeitung.	●
über	Die Lampe hängt **über** de**m** Tisch.	●
vor	Wir treffen uns heute Abend **vor** de**m** Kino.	●
zu/zum/zur	Ich gehe heute Nachmittag **zu** mein**er** Freundin.	→
zwischen	**Zwischen** Köln und Bonn fährt eine Regionalbahn.	●

Sie fragen: Wie? Woraus? Womit? ...

Dativ	
aus	Der Tisch ist **aus** Plastik.
mit	Er fährt immer **mit** de**m** Fahrrad.

1 Lesen Sie die Beispiele oben und ergänzen Sie dann die mit Präpositionen.

1. Hannover liegt _zwischen_ Köln und Berlin.
2. Mika kommt jeden Tag ______________ der Straßenbahn zur Arbeit.
3. Erhan ist umgezogen. Er wohnt jetzt ______________ Familie Meyer.
4. Nach dem Unterricht gehen wir sofort ______________ Hause.
5. Meine Schuhe sind ______________ Plastik und Stoff.
6. ● Möchtest du Kaffee ______________ Milch und Zucker?
   ○ Keinen Zucker, bitte. Ich trinke den Kaffee nur ______________ Milch.
7. ______________ der Goethestraße und dem Rathaus fährt heute keine Straßenbahn.
8. Wohnst du i______________ der Stadt oder a______________ dem Land?
9. Ich finde mein Notizheft nicht. Liegt es ______________ dem Schreibtisch?
10. Das Foto ist wunderschön. Es hängt direkt ______________ meinem Bett.
11. ● Treffen wir uns a______________ der Haltestelle oder v______________ der Post?
    ○ Nein, wir treffen uns gleich ______________ dem Kino.

2 Präpositionen mit Dativ: *Wo?* – Ordnen Sie die Bilder a–h den Sätzen 1–8 zu.

a)

b)

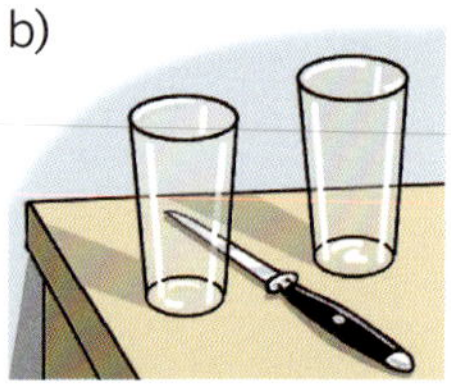

c)

d)

e)

f)

g)

h)

1. _____ Vor dem Fernseher.
2. _____ An der Wand.
3. _____ Zwischen den Gläsern.
4. _____ Auf dem Stuhl.
5. _____ Im Kühlschrank.
6. _____ Unter der Zeitung.
7. _____ Hinter dem Telefon.
8. _____ Neben meinem Handy.

3 *Wo ist/sind …?* – Welche Präposition passt? Markieren Sie.

● Julian! Wo sind die Schlüssel?
○ Schatz, wie immer! Sie liegen immer *in/auf* dem Tisch, *vor/neben* der Tür.
● Da sind sie nicht immer! Gestern waren sie *an/in* deiner Tasche.

● Mama! Wo sind meine Strümpfe?
○ Hast du schon *am/im* Bad gesucht? Oder *unter/zwischen* dem Stuhl?
● Nein, aber – ah – hier sind sie! Sie waren *über/unter* dem Bett!

● Wo ist meine neue DVD? Gestern war sie noch *im/vor* dem DVD-Player.
○ Vielleicht im Regal *in/zwischen* deinen anderen DVDs. Oder sie liegt *über/neben* dem Telefon?
● Ah, ich weiß es! Sie ist noch *im/am* Laptop.

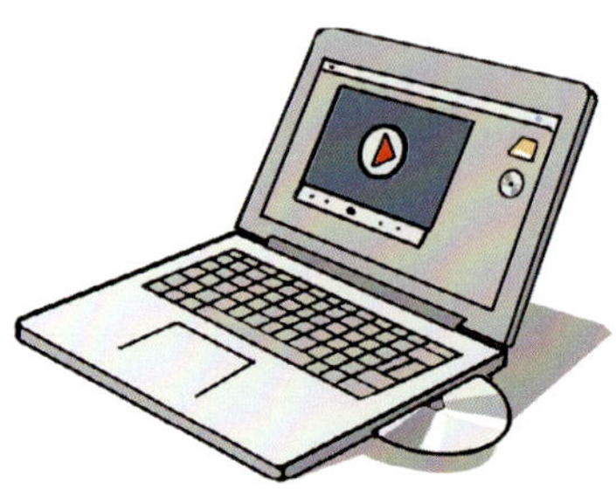

37 Wechselpräpositionen: Ort (Dativ) oder Richtung (Akkusativ)

Auf dem Niveau A1 sind diese Wechselpräpositionen wichtig:

Dativ	●	
an	Das Fahrrad steht **am (an dem)** Baum.	**Wo** steht das Fahrrad?
auf	Das Buch liegt **auf dem** Tisch.	**Wo** liegt das Buch?
in	Rafik ist **im (in dem)** Kino.	**Wo** ist er?
Akkusativ	→	
an	Sie stellt das Fahrrad **an den** Baum.	**Wohin** stellt sie das Fahrrad?
auf	Er legt das Buch **auf den** Tisch.	**Wohin** legt er das Buch?
in	Rafik geht **ins (in das)** Kino.	**Wohin** geht er?

1 Ergänzen Sie.

Den Tisch decken

Was hat Marcia gemacht?

1. Marcia hat die Serviette i_____ d_____ Glas getan.
2. Sie hat die Stühle a_____ d_____ Tisch gestellt.
3. Sie hat die Speisekarte a_____ d_____ Tisch gelegt.
4. Sie hat Blumen i_____ d_____ Vase gestellt.

Was ist jetzt?

Die Serviette ist _*im Glas*_.

Die Stühle stehen ____________________.

Die Speisekarte liegt ____________________.

Die Blumen stehen ____________________.

2 Fragen – Ergänzen Sie die richtigen Artikel.

Ordnung machen

1. Hast du deine Hemden in ________ Schrank gelegt?
2. Sind deine Schuhe i________ Schrank?
3. ● Hast du die Bücher i________ Regal gestellt?
   ○ Nein, sie liegen auf ________ Tisch.
4. Deine Schuhe liegen noch i________ Bad.
   Stell sie bitte in ________ Schuhschrank.
5. Hast du die Zeitung auf ________ Bett gelegt?
   Leg sie bitte i________ Regal.

38 Zusammenfassung: Artikelwörter, Pronomen, Präpositionen

1 *Welch- und dies-* – Ergänzen Sie die Endungen.

1. ● Welch_____ Kuchen möchtest du?
   Dies_____ ist mit Bananen und
   dies_____ mit Äpfeln.
   ○ Ich nehme den Apfelkuchen.
2. ● Welchen Pullover findest du schöner?
   ○ Dies_____ ist super.
3. ● Welch_____ Lampe hast du gekauft?
   ○ Dies_____, die passt gut zum Sofa.
4. ● Dies_____ Fahrräder sind alle sehr gut.
   ○ Welch_____ kaufst du?
5. ● Welch_____ Bus fährt zum Bahnhof?
   ○ Dies_____ hier, die Nummer 3.
6. ● Dies_____ Text verstehe ich nicht.
   ○ Wieso? Welch_____ Wörter verstehst du nicht?
7. ● Verstehst du dies_____ Übungen?
   ○ Welch_____ Übungen meinst du?
8. ● Warum willst du weg aus Berlin?
   ○ Dies_____ Stadt ist mir viel zu groß!
9. ● Welch_____ Wohnung habt ihr genommen?
   ○ Die mit dem Balkon.
10. ● Welch_____ Formular muss ich ausfüllen?
    ○ Dies_____ hier.
11. ● Welch_____ Farbe passt besser zu mir? Blau oder grün?
    ○ Blau.
12. ● Haben Sie dieses Kleid auch in meiner Größe?
    ○ Welch_____ Größe haben Sie denn?

2 Possessivartikel – Ergänzen Sie.

1. ● Macht ihr e*ure*___ Party im Garten?
   ○ Ja klar. Das Wetter ist doch super.
2. ● Sebastian, sind d__________ Geschwister am Wochenende auch da?
   ○ Peter kommt, aber m__________ Schwester nicht. I__________ Tochter ist krank.
3. ● Können wir u__________ Hunde mitbringen?
   ○ Lieber nicht, m__________ Sohn hat eine Allergie.
4. ● Wie geht es d__________ Eltern?
   ○ Es geht. M__________ Vater kann nicht gut laufen. Er hatte einen Unfall.
5. ● Habt ihr noch e__________ altes Auto?
   ○ Das fährt jetzt u__________ Tochter. Sie hat gerade i__________ Führerschein gemacht.
6. ● Was macht d__________ Arbeit? Ist d__________ Kollege immer noch krank?
   ○ Ja, ich muss m__________ und s__________ Arbeit machen.
7. ● Wie heißt d__________ Tochter?
   ○ Natalie, sie ist 18.
   ● U__________ Tochter ist jetzt schon 20! Sie ist bald mit i__________ Ausbildung fertig.

3 Ergänzen Sie: *alle, viele, wenig.*

1. ______________ Kursteilnehmer haben den Test bestanden, das sind 100%!
2. In diesem Jahr haben wir ______________ Teilnehmer. Wir brauchen noch eine Lehrerin.
3. Ich weiß ______________ über China. Ich muss mich informieren.
4. Kommen heute ______________ zum Fest oder haben sich welche abgemeldet?
5. ______________ Teilnehmer lernen zu ______________, aber ______________ wollen den Test bestehen.
6. ● Haben Sie alles verstanden?
   ○ Nein, nur ______________.
7. ● Kommen ______________ zu unserer Kursparty?
   ○ Nicht ______________, aber ______________. Ein paar sind nicht da.
8. ● Magst du deutsches Bier?
   ○ Schon, aber ich trinke nur ______________.

4 Ergänzen Sie: *alles, etwas, nichts, viel, welche, welches.*

1. ● Ist das ______________ oder möchten Sie noch ______________ trinken?
   ○ Nein danke, das ist ______________.
   ● Ich möchte dann zahlen, bitte.
2. ● Hast du heute schon ______________ gegessen?
   ○ Ich mache eine Diät. Heute esse ich ______________, aber ich muss ______________ trinken. Mindestens drei Liter Wasser pro Tag.
3. ● Kannst du mir bitte noch ______________ Brot geben?
   ○ Hier, bitte.
4. ● Haben wir noch Milch im Kühlschrank?
   ○ Nein, wir müssen ______________ kaufen.
5. ● Darf ich noch ein Brötchen essen?
   ○ Natürlich, ______________ möchtest du? Das helle oder das dunkle?
6. Peter kann ______________ essen, aber er wird nicht dick!
7. ● Möchten Sie noch ______________ Wein?
   ○ Nein, danke, ich trinke Wasser. Ich muss noch Auto fahren.
8. ● Habt ihr schon ______________ für die Party organisiert?
   ○ Nein! Noch gar ______________ ist organisiert. Kannst du uns helfen?

5 Ergänzen Sie die Personalpronomen.

1. ● Wie geht es dir?
   ○ Danke, ________ geht es super.
2. ● Wo ist Ben?
   ○ Vor einer halben Stunde war ________ in der Cafeteria, danach habe ich ________ nicht mehr gesehen.
3. ● Hallo Sebastian, hallo Luise. ________ kommt etwas spät.
   ○ Tut uns leid, wir haben ________ nicht gesehen. Aber jetzt sind wir ja zusammen.
   ○ Was machen ________ jetzt? Gehen wir etwas essen?
4. ● Hallo Pablo, hast ________ heute Abend Zeit? Ich muss ________ treffen! Ich habe ein Problem.
   ○ O.k. ich komme um 8 Uhr zu ________.
5. ● Sabine hat eine neues Auto. Hast du ________ schon gesehen?
   ○ Ja, ________ steht vor der Tür!
6. ● Wo ist Frau Schmieder?
   ○ Vielleicht im Büro, möchten Sie ________ anrufen?
7. ● Georg, kannst ________ heute die Kinder abholen?
   ○ Nein, ________ habe keine Zeit, aber Frau Merkan kann ________ nach Hause bringen.
8. ● Wem gehört das Wörterbuch?
   ○ ________. Ich habe es gestern hier vergessen.

6 Markieren Sie die richtigen Präpositionen.

1. *(Vor)/Bei* dem Unterricht trifft sich Senem *mit/zu* Ayhan *in/auf* der Cafeteria.
2. Frau Belhaus bleibt heute Abend *zu/im* Hause.
3. Familie Mayer wohnt *über/in* einer Wohnung *von/in* der City.
4. Luka lebt *vor/seit* einem Jahr in England.
5. Maria hat *nach/vor* einer Stunde angerufen, sie wartet *zwischen/im* Park auf dich.
6. Wir machen *seit/im* Sommer Urlaub und fahren *nach/in* die Türkei.
7. *Von/Zwischen* Hannover *nach/seit* Berlin? Das dauert nur 90 Minuten *auf/mit* dem ICE!

7 Wechselpräpositionen *an, auf, in* – Markieren Sie den passenden Artikel.

1. Ich habe 20 Minuten *an der/die* Haltestelle auf dich gewartet.
2. Ich möchte am Sonntag *im/ins* Konzert gehen. Kommst du mit?
3. Deine Brille liegt *auf dem/den* Tisch.
4. Stell die Butter bitte wieder *in dem/den* Kühlschrank.

39 Zusammenfassung: Grammatiktraining A1

1 P Lesen Sie den Text. Welches Wort (a, b oder c) passt in die Lücken 1–15?

Lieber Florian,

jetzt sind wir fast fertig, nur die Waschmaschine ____1____ noch nicht. Kannst du morgen kommen und ____2____ dir ansehen? Vielleicht kannst ____3____ sie ja reparieren, sie ist erst 8 Jahre alt und das ist für eine „Miele" nicht alt. Die Waschmaschine von meinen Eltern ist schon 16 Jahre alt und ____4____ super. Ich weiß, du bist eigentlich Automechaniker, ____5____ eine Waschmaschine ist ja fast so ähnlich … sie hat auch ____6____ Tür und ein Fenster, ein Rad und ein paar Lampen …

Das Zimmer von Bernd ist wunderschön. Wir haben noch einmal alles umgestellt. Zuerst war der Schreibtisch ____7____ dem Bett. Jetzt ist der Schrank direkt neben der Tür und der Schreibtisch ____8____ dem Fenster. Da ist mehr Licht und Bernd kann auch mal ____9____ den Garten sehen … und nicht nur auf ____10____ Computer! Das Bett ist eigentlich etwas groß, aber es ist praktisch für Gäste. Manchmal bleiben meine Eltern ein paar Tage bei uns und dann können ____11____ dort gut schlafen.

Am Wochenende ____12____ wir eine Party machen. Wir haben alle Freunde und die Nachbarn ____13____. Im Haus wohnen sechs Familien. Zehn Erwachsene und sieben Kinder, ab August acht Kinder! Hoffentlich ist das Wetter gut, ____14____ dann können wir im Garten grillen.

Bitte ____15____ mich heute Abend an! Sehen wir uns morgen?

Liebe Grüße und vielen Dank!

Nele

1. a laufe / b lauft / c läuft
2. a die / b es / c sie
3. a dich / b dir / c du
4. a funktioniere / b funktionieren / c funktioniert
5. a aber / b dann / c und
6. a ein / b eine / c einen
7. a neben / b über / c zwischen
8. a auf / b in / c unter
9. a an / b in / c vor
10. a das / b den / c der
11. a sie / b Sie / c wir
12. a will / b wollen / c wollt
13. a eingeladen / b einladen / c laden ein
14. a aber / b denn / c und
15. a ruf / b rufen / c ruft

2 Schreiben Sie den Brief.

Sprachkurs

1. hat / 14 Teilnehmer / unser Sprachkurs / lieber Tom
2. aus acht verschiedenen Ländern / kommen / wir
3. sprechen / und / zwölf Sprachen / wir
4. von 9 bis 13 Uhr / der Kurs / geht
5. Am Nachmittag / kann / am Computer / man / lernen
6. viele Lerntipps / wir / bekommen
7. „nach einer halben Stunde / machen Sie / eine Pause!“
8. Oder: „perfekt machen / Sie / nicht alles / müssen!“
9. Um 10 Uhr 30 / wir / machen / eine Pause
10. dann / es / Kaffee, Tee und Sandwichs / gibt
11. organisieren / ein Kursfest / wir / nächste Woche
12. wir / schreiben / zuerst / einen Test / aber

Viele Grüße, deine Maria.

Lieber Tom,
unser Sprachkurs hat 14 ...

3 Welches Wort passt? Ergänzen Sie den Dialog.

Krankheit

1. möchte	4. frag	7. Warst	10. ihren	13. ist
2. ~~nicht~~	5. hast	8. musst	11. dir	
3. im	6. es	9. zu	12. du	

● Hallo, Amir, warum bist du *nicht* (a) im Kurs?

○ Hallo, Pia, ich bin krank und liege __________ (b) Bett.

● Was __________ (c) du?

○ Fieber und Kopfschmerzen.

● Wie hoch __________ (d) das Fieber?

○ Heute Morgen war __________ (e) 39,2.

● Das ist hoch! __________ (f) du schon beim Arzt?

○ Nein, ich __________ (g) nur liegen und schlafen.

● Du __________ (h) viel trinken. Kommt Monica heute __________ (i) dir?

○ Nein, sie ist bei __________ (j) Eltern.

● Dann komme ich zu __________ (k) und bringe dir Obst und Säfte. Brauchst __________ (l) Medikamente?

○ Ja, bitte __________ (m) in der Apotheke. Ich brauche etwas gegen das Fieber.

4 Im Text sind zehn Fehler. Markieren Sie sie und korrigieren Sie wie im Beispiel.

Lieber Olivier,

wann besuchst mich du (1) endlich in Hamburg? Ich wohne jetzt schon über drei Monate hier und habe noch nicht so viele Kontakte. Das ist schwer von (2) einer fremden Stadt. Meine Arbeit macht mir viel Spaß und sind (3) die Kollegen sehr nett. Ich bin jeden Tag bis 16 Uhr in die (4) Firma. Und dann? In den ersten Wochen habe ich meinen Stadtteil kennengelernt: Wo kann man günstig kaufen ein (5)? Wie sind die S-Bahn- und Busverbindungen? Gibt (6) ein Fitnessstudio in der Nähe? Fünf Minuten von meiner Wohnung entfernt ist ein Park, da ich jogge (7) jetzt immer nach der Arbeit. Eine gemütliche Kneipe habe ich auch schon findet (8), aber meistens bin ich in meiner Freizeit alleine und freue (9) auf meine Arbeit am nächsten Tag.

Bitte kommen (10) bald!

Deine Anna

1. *besuchst du mich* ______
2. ______
3. ______
4. ______
5. ______
6. ______
7. ______
8. ______
9. ______
10. ______

5 Welches Wort passt? Ergänzen Sie den Text.

1. zum
2. das
3. bis
4. auf
5. wir
6. im
7. etwas
8. ~~beim~~
9. für
10. an
11. Dein
12. das

Hallo Pia,

ich habe erst einen Termin *beim* (a) Arzt und dann gehe ich ______ (b) Friseur.
Ich bin erst um 18 Uhr wieder zu Hause. Kannst du bitte ______ (c) Supermarkt einkaufen? Wir brauchen Milch, Brot, Käse und Butter ______ (d) das Frühstück.
Du kannst ______ (e) Auto benutzen. Es steht ______ (f) dem Parkplatz ______ (g) der Schule.
Die Schlüssel liegen auf meinem Schreibtisch. Haben ______ (h) noch genug Mineralwasser? Vielleicht fehlt noch ______ (i)? Kannst du auch ______ (j) Abendessen vorbereiten? Danke! ______ (k) heute Abend!

______ (l) *Amir*

40 Wortbildung

1 Nomen und Artikel

Personen mit dem Suffix **-er** sind maskulin.

-er	**männliche Person**	der Teilnehm**er**, der Arbeit**er**, der Ausländ**er**
	Beruf	der Bäck**er**, der Mechanik**er**
	Nationalität	der Italien**er**, der Engländ**er**

Personen mit dem Suffix **-in** sind feminin.

-in	**weibliche Person**	die Teilnehmer**in**, die Arbeiter**in**
	Beruf	die Lehrer**in**
	Nationalität	die Italiener**in**

Nomen mit dem Suffix **-ung** sind feminin.

-ung die Wohn**ung**, die Prüf**ung**, die Rechn**ung**

2 Komposita: Nomen und Adjektive

Das Grundwort steht immer am Wortende: Kinder**zimmer**, Wohn**zimmer**
Das Bestimmungswort gibt zusätzliche Informationen zum Grundwort: Kinderzimmer, Wohnzimmer
Bei Nomen hat das Kompositum immer den gleichen Artikel wie das Grundwort: das Kinderzimmer

	Bestimmungswort		Grundwort	Kompositum
Nomen + **Nomen**	die Reise	+	**das** Büro	**das** Reise**büro**
Verb + **Nomen**	wohnen	+	**das** Zimmer	**das** Wohn**zimmer**
Adjektiv + **Adjektiv**	hell	+	blau	hellblau

gleiches Bestimmungswort		**gleiches Grundwort**	
die Reise + das Büro	das Reisebüro	die Frauen + der Arzt	der Frauenarzt
die Reise + der Führer	der Reiseführer	die Augen + der Arzt	der Augenarzt

3 Adjektive: Vor- und Nachsilben

un-	**un**bekannt, **un**möglich, **un**gesund	Es ist nicht bekannt/möglich/gesund.
-los	arbeits**los**, kinder**los**	Jemand hat keine Arbeit/keine Kinder.
-bar	erreich**bar**, lös**bar**	Man kann etwas erreichen/etwas lösen.
-ig/-lich	richt**ig**, lust**ig**/pünkt**lich**, freund**lich**	So ist eine Person oder Sache.

41 Zahlen, Zeiten, Maße, Gewichte

Kardinalzahlen

1	eins	**13**	**dreizehn**	60	sechzig
2	zwei	14	vierzehn	70	siebzig
3	drei	15	fünfzehn	80	achtzig
4	vier	16	**sech**zehn	90	neunzig
5	fünf	17	**sieb**zehn	100	(ein)hundert
6	sechs	18	achtzehn	101	(ein)hundert(und)eins
7	sieben	19	neunzehn	200	zweihundert
8	acht	20	zwanzig	213	zweihundertdreizehn
9	neun	**21**	**ein**und**zwanzig**	1 000	(ein)tausend
10	zehn	30	dreißig	1 00 000	(ein)hunderttausend
11	elf	40	vierzig	1 000 000	eine Million (-en)
12	zwölf	50	fünfzig	1 000 000 000	eine Milliarde (-en)

Ordinalzahlen

1.	(der/das/die) erste …	11.	elfte	30.	dreißigste
2.	zweite	12.	zwölfte	40.	vierzigste
3.	dritte	13.	dreizehnte	50.	fünfzigste
4.	vierte	14.	vierzehnte	60.	sechzigste
5.	fünfte	15.	fünfzehnte	70.	siebzigste
6.	sechste	16.	sechzehnte	80.	achtzigste
7.	siebte	17.	siebzehnte	90.	neunzigste
8.	achte	18.	achtzehnte	100.	hundertste
9.	neunte	19.	neunzehnte	900.	neunhundertste
10.	zehnte	20.	zwanzigste	1 000.	tausendste

Zeiten

Stunde und Uhrzeiten	Tag und Tageszeiten	
die Uhr, -en	der Tag, -e	täglich
die Uhrzeit, -en	der Morgen, –	morgens
die Stunde, -n	der Vormittag, -e	vormittags
die Viertelstunde, -n	der Mittag, -e	mittags
die Minute, -n	der Nachmittag, -e	nachmittags
die Sekunde, -n	der Abend, -e	abends
	die Nacht, ¨-e	nachts
	die Mitternacht, ¨-e	mitternachts

Monat, Woche und Wochentage

der Monat, -e	monatlich	der Montag, -e	montags
die Woche, -n	wöchentlich	der Dienstag, -e	dienstags
		der Mittwoch, -e	mittwochs
		der Donnerstag, -e	donnerstags
		der Freitag, -e	freitags
		der Samstag/Sonnabend, -e	samstags/sonnabends
		der Sonntag -e	sonntags

Wann besuchst du mich?

Am Sonntag.

Monate und Datum

Januar	Juli
Februar	August
März	September
April	Oktober
Mai	November
Juni	Dezember

● Wann sind Sie geboren?
○ Am 31. Oktober 1980.

● Wann hast du Urlaub?
○ Im Juli.
● Wann genau?
○ Vom 1. Juli bis zum 20.

Die Uhrzeiten im Alltag

Es ist 8 **Uhr**.

Es ist 10 **vor** 9.

Es ist **Viertel vor** 9.

Es ist 20 **vor** 9.

Es ist 5 **nach halb** 9.

Es ist 10 **nach** 8.

Es ist **Viertel nach** 8.

Es ist 20 **nach** 8.

Es ist 5 **vor halb** 9.

Es ist **halb** 9.

Wie spät ist es?

Es ist kurz vor halb neun.

Wann kommst du nach Hause?

Um acht.

Die 24-Stunden-Uhr

Nacht/Morgen/Vormittag (0 Uhr bis 12 Uhr)
Es ist 1 Uhr.
Es ist 1.05 Uhr. (ein Uhr fünf)
Es ist 6.15 Uhr. (sechs Uhr fünfzehn)
Es ist 10.30 Uhr. (zehn Uhr dreißig)

Nachmittag/Abend/Nacht (12 Uhr bis 24 Uhr)
Es ist 13 Uhr.
Es ist 13.05 Uhr. (dreizehn Uhr fünf)
Es ist 18.15 Uhr. (achtzehn Uhr fünfzehn)
Es ist 22.30 Uhr. (zweiundzwanzig Uhr dreißig)

Maße und Gewichte

Zentimeter, der, –	cm	
Meter, der, –	m	1 m = 100 cm
Kilometer, der, –	km	1 km = 1000 m
Quadratmeter, der, –	qm/m²	
Stundenkilometer, der, –	km/h	
Gramm, das, –	g	
Kilogramm, das, –	kg	1 kg = 1000 g
Liter, der, –	l	

42 Unregelmäßige Verben in A1

			Ihre Sprache
abfahren	er/sie fährt ab	**ist** abgefahren	
abfliegen	er/sie fliegt ab	**ist** abgeflogen	
abgeben	er/sie gibt ab	hat abgegeben	
anbieten	er/sie bietet an	hat angeboten	
anfangen	er/sie fängt an	hat angefangen	
ankommen	er/sie kommt an	**ist** angekommen	
anrufen	er/sie ruft an	hat angerufen	
aufstehen	er/sie steht auf	**ist** aufgestanden	
aussteigen	er/sie steigt aus	**ist** ausgestiegen	
beginnen	er/sie beginnt	hat begonnen	
bekommen	er/sie bekommt	hat bekommen	
bitten	er/sie bittet	hat gebeten	
bleiben	er/sie bleibt	**ist** geblieben	
brauchen	er/sie braucht	hat gebraucht/brauchen	
bringen	er/sie bringt	hat gebracht	
denken	er/sie denkt	hat gedacht	
dran sein	er/sie ist dran	**ist** dran gewesen	
dürfen	er/sie darf	hat gedurft/dürfen	
einladen	er/sie lädt ein	hat eingeladen	
einsteigen	er/sie steigt ein	**ist** eingestiegen	
empfehlen	er/sie empfiehlt	hat empfohlen	
essen	er/sie isst	hat gegessen	
fahren	er/sie fährt	**ist** gefahren	
finden	er/sie findet	hat gefunden	
fliegen	er/sie fliegt	**ist** geflogen	
geben	er/sie gibt	hat gegeben	
gefallen	er/sie gefällt	hat gefallen	
gehen	er/sie geht	**ist** gegangen	
haben	er/sie hat	hat gehabt	
halten	er/sie hält	hat gehalten	
heißen	er/sie heißt	hat geheißen	
helfen	er/sie hilft	hat geholfen	
kennen	er/sie kennt	hat gekannt	
kommen	er/sie kommt	**ist** gekommen	
können	er/sie kann	hat gekonnt/können	

laufen	er/sie läuft	**ist** gelaufen	______
liegen	er/sie liegt	hat gelegen	______
mitbringen	er/sie bringt mit	hat mitgebracht	______
mitkommen	er/sie kommt mit	**ist** mitgekommen	______
mitnehmen	er/sie nimmt mit	hat mitgenommen	______
möcht-	er/sie möchte	hat gemocht	______
mögen	er/sie mag	hat gemocht	______
müssen	er/sie muss	hat gemusst/müssen	______
nehmen	er/sie nimmt	hat genommen	______
riechen	er/sie riecht	hat gerochen	______
schlafen	er/sie schläft	hat geschlafen	______
schreiben	er/sie schreibt	hat geschrieben	______
sehen	er/sie sieht	hat gesehen	______
sein	er/sie ist	**ist** gewesen	______
sitzen	er/sie sitzt	hat gesessen	______
sollen	er/sie soll	hat gesollt/sollen	______
sprechen	er/sie spricht	hat gesprochen	______
stehen	er/sie steht	hat gestanden	______
treffen (sich)	er/sie trifft	hat getroffen	______
trinken	er/sie trinkt	hat getrunken	______
übertragen	er/sie überträgt	hat übertragen	______
überweisen	er/sie überweist	hat überwiesen	______
umziehen	er/sie zieht um	**ist** umgezogen	______
unterschreiben	er/sie unterschreibt	hat unterschrieben	______
verstehen	er/sie versteht	hat verstanden	______
vorlesen	er/sie liest vor	hat vorgelesen	______
waschen (sich)	er/sie wäscht	hat gewaschen	______
werden	er/sie wird	**ist** geworden	______
wiedersehen	er/sie sieht wieder	hat wiedergesehen	______
wissen	er/sie weiß	hat gewusst	______
wollen	er/sie will	hat gewollt/wollen	______

43 Lösungen

B Sätze

1 Aussagesätze

1 2h – 3a – 4b – 5c – 6g – 7e – 8f

2 2. Er (ist) Programmierer. 3. Er (schreibt) Programme für die Buchhaltung. 4. Er (schwimmt) gern und er (liest) gern. 5. Er fährt im Winter gern Ski. 6. Im Urlaub (fährt) er nach Kenia. 7. Dort (besucht) er seine Familie. 8. Er (mag) das Land und die Leute sehr.

2 W-Fragen

1 2h – 3j – 4a – 5b – 6i – 7e – 8f – 9g – 10c

2a 2. Was 3. Wann 4. Wer 5. wie viel 6. Woher (Wann) 7. Wo 8. Wohin (Wann) 9. Woher 10. Wie viel (Was)

2b (mögliche Lösungen)
1. Ich heiße Teresa. 2. Ich besuche meine Familie. 3. Morgen. 4. Ich verstehe die Aufgabe auch nicht. 5. Um 20 Uhr 30. 6. Aus der Türkei. 7. Vielleicht auf dem Flohmarkt. 8. Zum Bahnhof. 9. Aus Brasilien. 10. 2 Euro das Kilo.

3a 2. Wo wohnt deine Schwester? 3. Wie alt ist dein Vater? 4. Woher/ Wann kommt deine Familie? 5. Wo/Was/Wann arbeitest du? 6. Was machst du am Sonntag? 7. Wann/Um wie viel Uhr besuchst du deine Familie? 8. Wie viele Geschwister hast du?

3b (mögliche Lösungen)
1. Er heißt Hosni. 2. Sie wohnt in Berlin. 3. Er ist 55. 4. Wir kommen aus Afghanistan. 5. Ich arbeite in einer Werkstatt. 6. Vielleicht fahre ich nach Salzburg. 7. Ich besuche sie in den Sommerferien. 8. Ich habe einen Bruder und zwei Schwestern.

3 Ja/Nein-Fragen

1 Zur Person: Sie-Form
2. Sind Sie 35 Jahre alt? 3. Wohnen Sie in Frankfurt? 4. Ist Ihre Telefonnummer 81237? 5. Lernen Sie Deutsch? 6. Kommen Sie aus Ungarn? 7. Gehen Sie gern ins Theater? 8. Lesen Sie gern?

Zur Person: Du-Form
2. Lernst du jeden Tag? 3. Besuchst du oft deine Familie? 4. Spielst du ein Musikinstrument? 5. Liest du gern?

2 2. Wohnst du in Köln ? / Wohnen Sie in Köln? 3. Ist deine Telefonnummer 01500-4112223? / Ist Ihre Telefonnummer 01501-4102223? 4. Bist du verheiratet? / Sind Sie verheiratet? 5. Kommst du aus China? / Kommen Sie aus China? 6. Spielst du Tennis? / Spielen Sie Tennis? 7. Kochst du gern? / Kochen Sie gern? 8. Hast du morgen Zeit? / Haben Sie morgen Zeit?

3 2. Haben Sie Eier? 3. Was kosten die Kartoffeln? 4. Woher kommen die Hühner? 5. Ist der Käse aus Frankreich? 6. Wo finde ich Brot? 7. Kann ich den Käse probieren? 8. Sind die Äpfel aus Deutschland? 9. Wann bekommen Sie neue Kartoffeln? 10. Woher sind die Tomaten?

4 Imperativsätze

1 2. Lesen Sie den Text. 3. Ruft im Rathaus an. 4. Lernen Sie die Wörter. 5. Hilf mir. 6. Kommt morgen zu mir. 7. Gib mir den Kuli. 8. Lernt bis morgen die Wörter.

2 2 A/R – 3 R – 4 B/A – 5 R – 6 A/R – 7 R – 8 A

3 Bei der Arbeit: Sie-Form
1. Kommen Sie morgen um 8 Uhr. 2. Fahren Sie bitte in die Heugasse 25. 3. Rufen Sie bitte die Firma Butz an. 4. Kommen Sie bitte um 11 Uhr zum Chef. 5. Füllen Sie das Formular aus. 6. Bringen Sie bitte Ihre Lohnsteuerkarte mit. 7. Überweisen Sie das Geld auf mein Konto.

Bei der Arbeit: Du-Form
2. Hilf mir bitte mit dem Formular. 3. Übersetz bitte den Brief für mich. 4. Komm bitte in die Werkstatt mit. 5. Unterschreib bitte das Formular. 6. Geh bitte mit dem Kollegen zum Arzt.

4 2. Mach – aus 3. leg 4. Mach – an 5. Ruf – an

5 Zusammenfassung: Fragesätze, Aussagesätze, Imperativsätze

1 ● Wie ○ Ich ● Wie ○ bin ● Kommen ○ Nein ● Leben/Sind/Wohnen ○ Ich ● Sind ● Haben ○ Er ● Haben ○ Ich ● Wohnen ○ Nein ● Wo ○ Haben ● brauchen ○ Wie ○ Bekommt ○ verdienen, Kann ● Arbeiten ● Füllen – aus, rufen – an, Haben ● kann/werde ○ Vielen, Wiedersehen

6 Die Satzklammer bei trennbaren Verben

1 Trennbar sind: einkaufen – anmachen – mitbringen – einsteigen – mitkommen – umziehen – aufschreiben – (sich) vorstellen – zuordnen – zuhören – zumachen

2 2. Kaufst du auch noch etwas Wurst ein? 3. Bring mir bitte ein Kilo Äpfel mit! 4. Ich rufe dich heute Abend an. 5. Mach bitte das Licht an! 6. Mach bitte das Fenster zu! 7. Wir ziehen im Mai um. 8. Hören Sie bitte genau zu! 9. Ordnen Sie bitte die Sätze zu. 10. Schreibst du das Beispiel auf?

7 Die Satzklammer bei Modalverben

1 1. Ich muss am Wochenende oft arbeiten. / Am Wochenende muss ich oft arbeiten. 2. Wann kannst du mich besuchen? 3. Darf ich Sie heute Abend anrufen? 4. Wir wollen in den Ferien nach Berlin fahren. / In den Ferien wollen wir nach Berlin fahren. 5. Sie müssen Ihre Arbeit pünktlich anfangen! 6. Bei Gleitzeit können Sie zwischen 7 und 9 anfangen. / Sie können bei Gleitzeit zwischen 7 und 9 anfangen. 7. Sara will ab Mai nur noch 20 Stunden arbeiten. / Ab Mai will Sara nur noch 20 Stunden arbeiten. 8. Darf ich morgen eine Stunde später kommen?

2 Verben an der falschen Stelle: müssen arbeiten – ist – wollen arbeiten – kann – gibt

In Deutschland (müssen) die meisten Arbeitnehmer und Arbeitnehmerinnen zwischen 35 und 40 Stunden (arbeiten.) Das (ist) eine Vollzeitstelle. Man kann aber auch Teilzeit arbeiten. Viele Menschen (wollen) nicht die ganze Woche (arbeiten.) Sie arbeiten dann vielleicht nur an drei Tagen. In anderen Berufen (kann man) vor allem im Sommer viel arbeiten und darf dann im Winter zu Hause bleiben oder nach Mallorca fliegen. Viele Menschen wollen auch mehr arbeiten, aber (es gibt) nicht genug Arbeitsplätze.

8 Die Satzklammer beim Perfekt

1 2. Gestern bin ich um 6 Uhr 15 aufgestanden. 3. Gestern habe ich von halb 7 bis 7 gefrühstückt. 4. Gestern habe ich den Bus um Viertel nach 7 genommen. 5. Gestern bin ich um Viertel vor 8 in der Sprachschule angekommen. 6. Gestern hat der Unterricht auch um 9 begonnen. 7. Gestern habe ich eine Stunde gewartet. 8. Gestern habe ich mich richtig geärgert.

9 Zusammenfassung: Satzklammer

1 2b – 3a – 4g – 5d – 6c – 7e – 8h

2 2. (Hast) du gestern die Formulare (ausgefüllt?) 3. Ich (will) morgen einen Tag (freinehmen.) 4. (Können) Sie bitte bei

Dr. Börne (anrufen?) 5. Am Mittwochnachmittag (ist) die Praxis (zu.) 6. Wie lange (haben) Sie als Sekretärin (gearbeitet?) 7. Ich (muss) mit dem Chef über meinen Urlaub (sprechen.) 8. (Hast) du in diesem Jahr schon Urlaub (gehabt)?

10 Verneinung mit *nicht*

1 2. Hamburg liegt nicht an der Nordsee. Es liegt an der Elbe, ungefähr 100 km von der Nordsee weg. 3. In Deutschland bezahlt man nicht mit D-Mark. Man bezahlt mit Euro. 4. München ist nicht die Hauptstadt von Sachsen. Es ist die Hauptstadt von Bayern. Die Hauptstadt von Sachsen ist Dresden. 5. Man darf nicht auf allen Autobahnen 200 Stundenkilometer fahren. Oft darf man nur 120 bis 130 km/h fahren. 6. Der Bodensee liegt nicht in Norddeutschland. Er liegt in Süddeutschland.

2 2. Ich X habe das Buch nicht gelesen. 3. Rafik X hat seinen Kuli nicht gefunden. 4. Costa und Tamara treffen X sich nicht im Café. 5. Erhan X hat das Auto nicht repariert. 6. Samira X will das Formular nicht unterschreiben. 7. Das Fest X beginnt nicht um 19 Uhr sondern ... 8. Bitte X schließen Sie die Tür nicht ab.

11 Verneinung mit *kein/keine*

1 2. Nein, ich habe keine Monatskarte für die Straßenbahn. 3. Nein, ich habe dir keine Blumen mitgebracht. 4. Nein ich habe mir keinen Rock gekauft. 5. Nein, ich will kein Eis. 6. Nein, ich mag keine Pommes. 7. Nein, ich mag keine Tomaten. 8. Nein, ich habe keine Freunde in Berlin. 9. Nein, ich spreche kein Chinesisch. 10. Nein, ich verstehe kein Bairisch. 11. Nein, ich lese keine Romane auf Deutsch. 12. Nein, ich schreibe dir keine Postkarte aus den Ferien.

12 Zusammenfassung: *nicht/kein*

1 1. ○ nicht 2. ● nicht ○ keine 3. ● nicht ○ keinen 4. ● nicht ○ keine 5. ● keine ○ nicht 6. ● keine ○ keine

2 2. Ich wohne nicht in Mainz. 3. Ich habe kein Smartphone. 4. Herr Paulsen ist nicht da. 5. Er hat von 10 bis 12 Uhr keine Zeit. 6. Sie können Prof. Bunk heute nicht sprechen. 7. Er hat heute keine Sprechstunde. 8. Morgen ist er nicht da.

13 Fragen mit *nicht* oder *kein* – Antworten mit *ja, nein* oder *doch*

1 2. ● Magst du Bratwurst? ○ Nein, ich esse kein Schweinefleisch. 3. ● Essen Sie nicht gern Schweinebraten? ○ Nein, ich esse nur vegetarisch. 4. ● Kauft ihr noch Wurst und Käse ein? ○ Ja, wir gehen nachher zum Supermarkt. 5. ● Esst ihr nicht gern Pizza? ○ Doch, aber nur Pizza mit Salami. 6. ● Mögen Sie keine Currywurst? ○ Nein, ich esse kein Fleisch. 7. ● Kommt ihr nicht mit zum Essen? ○ Nein, wir müssen noch lernen. 8. ● Trinkst du keinen Wein? ○ Doch, manchmal trinke ich Weißwein. / Doch, ich trinke manchmal Weißwein. 9. ● Essen Sie am Mittag nicht? ○ Doch, ich esse meistens einen Apfel. 10. ● Isst du abends warm? ○ Ja, ich koche gern.

14 Satzverbindungen mit *und, oder, aber, denn*

1 1. und 2. oder/aber 3. aber 4. aber 5. denn 6. denn

2 1. Ich habe eine neue Stelle, aber ich kann erst in zwei Monaten anfangen. 2. Die Stelle wird frei, denn eine Kollegin bekommt ein Kind. 3. Morgens um 7 Uhr müssen Sie im Betrieb sein und Ihre Arbeitszeit geht bis 16 Uhr. 4. Im April können Sie nicht in Urlaub gehen, denn wir brauchen alle Arbeitskräfte. 5. Bei Gleitzeit können Sie morgens um 7 anfangen oder Sie können erst um 9 kommen.

15 Verben und Ergänzungen

1

	Subjekt	Verb	Nominativ	Akkusativ	temporal	lokal
2.	Frau Dahms	möchte		einen Rock.		
3.	Pablo	kommt				aus Spanien.
4.	Unser Lehrer	heißt	Herr Lehmann.			
5.	Wir	nehmen		Currywurst und Pommes.		
6.	Die Straßenbahn	kommt			um 12 Uhr 53.	

2

	Verb	Subjekt	Verb	Nominativ	Akkusativ	lokal/temporal
2.		Ich	habe		ein Problem.	
3.	Geht	ihr				in den Park?
4.		Mein Arzt	heißt	Dr. Schubert.		
5.		Tom	holt		die Bücher.	
6.		Der 1. Mai	ist	ein Sonntag.		

3

	Subjekt	Verb/Verbteil	Akkusativ	Dativ	lokal/temporal	Verb/Verbteil
2.	Lucia	schreibt	die Adresse			auf.
3.	Der Kurs	fängt			um 9 Uhr	an.
4.	Kerim	kommt			aus Tanger.	
5.	Der Mantel	gehört		Hosni.		
6.	Der Park	hat			um 21 Uhr	zugemacht.

C Wörter

16 Verben – Konjugation im Präsens (regelmäßig)

1 3. ich 4. wir/Sie/sie 5. ich 6. du 7. du 8. du 9. du 10. er/es/sie/ ihr 11. ich 12. wir/Sie/sie 13. wir/sie/Sie 14. er/es/sie/ihr 15. ich 16. wir/Sie/sie 17. er/es/sie/ihr 18. du 19. wir/Sie/sie 20. ich 21. du 22. wir/Sie/sie 23. er/es/sie/ihr 24. ich 25. ich 26. ich 27. wir/sie/Sie 28. er/es/sie/ihr 29. wir/Sie/sie 30. du

2 Der Kurs beginnt
1. ● wohnst ○ wohne 2. ● heißen ○ heiße ● buchstabieren 3. ● kommt ○ kommen 4. ● macht ○ möchten

Im Supermarkt
1. ● finde ○ Gehen 2. ● Brauchen ○ brauche 3. ● suchst ○ suche ● steht ○ findest 4. ● kostet ○ kosten

Am Morgen zu Hause
1. ● machst, Kochst, duschst ○ dusche, koche, hole, bringe, mache 2. ● gehen ○ beginnt, kommen, geht
3. ● Frühstückt ○ frühstücken, trinkt, frühstückt, braucht

3 Essen und trinken
2. ● empfiehlst ○ schmeckt 3. ● mache ○ koche
4. Probiert 5. kochen

Im Kaufhaus
1. kostet 2. kaufe 3. kauft 4. arbeiten 5. braucht 6. Stellen 7. suchen 8. bezahlen

Im Internetcafe
1. Benutzen 2. schreibe 3. Stellen 4. Erklären 5. suche, arbeitet 6. schließt 7. benutzen 8. glaube, ist

17 Verben – Konjugation im Präsens mit Vokalwechsel (unregelmäßig)

1

du	er/es/sie	wir	ihr	sie/Sie
fährst	fährt	fahren	fahrt	fahren
isst	isst	essen	esst	essen
gibst	gibt	geben	gebt	geben
hilfst	hilft	helfen	helft	helfen
liest	liest	lesen	lest	lesen
nimmst	nimmt	nehmen	nehmt	nehmen
schläfst	schläft	schlafen	schlaft	schlafen
siehst	sieht	sehen	seht	sehen
sprichst	spricht	sprechen	sprecht	sprechen
trägst	trägt	tragen	tragt	tragen
wäschst	wäscht	waschen	wascht	waschen

2 2. Sie vergisst immer ihre Hausaufgaben. 3. Fährt Jens zur Arbeit? 4. Schläfst du in der Mittagspause? 5. Hält der Bus am Jahnplatz? 6. Er isst Brot und Schinken. 7. Gib mir bitte den Salat. 8. Der Kellner empfiehlt das Menü.

3 2. empfehlt 3. nimmst 4. wäschst 5. liest 6. Schläfst 7. sprichst 8. Läufst

4 1. ● verstehe ○ machen 2. ● Sprichst ○ spreche 3. ● Nehmt ○ nehme 4. ● Schlaft ○ schläft, schlafe 5. ● triffst ○ kommt 6. ● empfehlen ○ gibt 7. ● macht ○ sieht, lese, kommen

5 2. Liest 3. Hilft 4. heißt 5. besuchen 6. Mietet 7. hilf 8. tragt 9. ● triffst ○ weiß, kommen 10. beginnt, gibt

6 ist – arbeitet – macht – fährt – findet – ist – lernt – erzählen – gibt – hat – fährt – liest – hört – fährt – trifft – beginnt – fährt – ist – weckt – macht – bringt – kommt – steht – erzählt – hilft – arbeitet – wandern – schwimmen – liest – kocht – macht

18 *sein* und *haben*

1 Persönliche Informationen
1. ○ bin 2. ● Seid ○ sind 3. Ist 4. ● seid ○ sind 5. ● bist ○ bin 6. ● Sind ○ bin 7. ● ist ○ ist, ist

Im Kaufhaus
1. ist 2. sind 3. ist 4. sind 5. ist 6. sind 7. sind 8. ist 9. Ist 10. Sind

2 1. ○ haben 2. Haben 3. ● Hast ○ habe 4. ● Habt ○ haben 5. ● Hast ○ habe 6. ● hat ○ hat

3 1. Ich bin immer müde, morgens ist mir schlecht, manchmal habe ich Hunger auf ein Marmeladebrot mit Senf … bin ich vielleicht schwanger?
2. Klaus hat Husten und Schnupfen, sein Kopf ist heiß, er hat Fieber, vielleicht hat er Grippe?

Wohnungssuche
1. haben 2. ist, ist 3. hat 4. hat 6. ist 8. ist, Sind 9. ist, sind

19 Verben mit Präfix: trennbare Verben

1 2. Wie lange sehen eure Kinder abends fern? 3. Der Zug kommt um 18 Uhr 32 in Bochum an. 4. Der Film fängt um 2 0 Uhr 15 an. 5. Herr Pohl holt seine Kinder von der Schule ab. 6. Mein Urlaub fängt am 17. Juli an. 7. Sonntags stehe ich gern spät auf. 8. Manchmal kaufe ich auch am Kiosk ein. 9. Wie siehst du denn aus? 10. Frau Balzer steht immer um 6 Uhr 30 auf. 11. Klaus macht im Kino sein Handy aus. 12. Hosni ruft jede Woche seine Mutter an.

2 2. Sabine hat angerufen und dann war ich wach. 3. Ich bin aufgestanden. 4. Ich habe mich angezogen. 5. Ich bin um 6 Uhr weggegangen. 6. Ich bin um 6 Uhr 30 angekommen. 7. Niemand hat mir aufgemacht. 8. Der Chef ist um 8 Uhr angekommen. 9. Ich habe um 16 Uhr mit der Arbeit aufgehört. 10. Ich bin mit dem Bus zurückgefahren. 11. Ich habe mich hingelegt. 12. Heute habe ich ausgeschlafen.

3 ⓐ ankommen, ⓑ bestellen, ⓑ entschuldigen, ⓑ gefallen, ⓑ vermieten, ⓑ besuchen, ⓐ mitbringen, ⓑ erklären, ⓑ gehören, ⓐ wegfahren, ⓐ aufstehen, ⓑ besichtigen, ⓑ erlauben, ⓐ einsteigen, ⓑ verstehen, ⓐ anrufen, ⓐ einladen, ⓐ mitkommen, ⓑ verkaufen, ⓑ wiederholen, ⓑ bekommen, ⓑ bezahlen, ⓐ ankreuzen, ⓐ fernsehen, ⓐ abschreiben

4 Computerkurs
2. Die Teilnehmer machen die Computer an. 3. Die Kursleiterin erklärt das Programm. 4. Die Teilnehmer melden sich im Netz an. 5. Sie füllen Formulare aus. 6. Die Kursleiterin übersetzt den Text. 7. Die Teilnehmer wiederholen die Übung.
8. Die Teilnehmer schreiben Texte ab. 9. Sie bearbeiten Texte. 10. Die Texte sehen gut aus. 11. Die Teilnehmer schalten die Computer aus. 12. Die Kursleiterin schließt den Computerraum ab.

Persönliche Fragen
2. Kaufst du gern ein? Kaufen Sie gern ein? 3. Gehst du gern spazieren? Gehen Sie gern spazieren? 4. Besuchst du gern die Familie? Besuchen Sie gern die Familie? 5. Rufst du gern Freunde an? Rufen Sie gern Freunde an? 6. Lädst du gern die Freundin ein? Laden Sie gern die Freundin ein? 7. Siehst du abends gern fern? Sehen Sie abends gern fern? 8. Besichtigst du gern fremde Städte? Besichtigen Sie gern fremde Städte? 9. Fährst du im Urlaub gern weg? Fahren Sie im Urlaub gern weg? 10. Bezahlst du gern Rechnungen? Bezahlen Sie gern Rechnungen?

20 Modalverben im Präsens

1 2. Möchtest 3. Kannst 4. müsst 5. Dürfen 6. kann, will 7. Können, muss 8. muss, Wollt 9. Soll, können

21 Modalverben: Bedeutung

1 1. muss 2. kann/muss 3. müsst 4. Möchtet 5. Kannst 6. muss 7. muss/kann 8. können/müssen 9. Möchtest/Willst 10. Darf/Kann 11. soll 12. möchte 13. darf/soll 14. Darf

2 1. ● Möchtet/Wollt ■ möchte 2. Soll 3. Darf/Soll 4. Möchtet/Wollt, müssen 5. ● Wollt/Möchtet ○ müssen, muss

22 Vergangenheit: Perfekt

1

geantwortet	antworten	verkauft	verkaufen
fern**ge**sehen	fernsehen	erklärt	erklären
aus**ge**füllt	ausfüllen	studiert	studieren
gelernt	lernen	benutzt	benutzen
gekommen	kommen	verstanden	verstehen
gefahren	fahren	bezahlt	bezahlen
gekauft	kaufen	telefoniert	telefonieren
geholt	holen	verdient	verdienen
geschrieben	schreiben	vermietet	vermieten
ab**ge**fahren	abfahren	überwiesen	überweisen
gearbeitet	arbeiten	bestellt	bestellen
gelesen	lesen	unterschrieben	unterschreiben
mit**ge**bracht	mitbringen		
an**ge**rufen	anrufen		

2 2. Wo haben Sie das Brot gekauft? 3. Was hat das Gemüse gekostet? 4. Wo hast du gearbeitet? 5. Wo hast du Deutsch gelernt? 6. Hast du mitgeschrieben? 7. Haben Sie ein Wörterbuch benutzt? 8. Haben Sie Ihr Auto verkauft? 9. Hast du das Buch ganz gelesen? 10. Ich habe das Formular unterschrieben. 11. Ich habe mit meiner Mutter telefoniert. 12. Ich habe meinen Vater angerufen. 13. Anna hat mir das Buch gegeben. 14. Ich habe mit ihm gesprochen.

3 2. Ich bin zehn Kilometer gelaufen. 3. Ron ist weggegangen. 4. Das Flugzeug ist abgeflogen. 5. Ich bin um 6 Uhr aufgestanden. 6. Ich bin bis 20 Uhr in der Firma geblieben. 7. Ich bin in Frankfurt ausgestiegen. 8. Sandra ist nach Warschau gefahren. 9. Ist ihr Freund auch mitgekommen? 10. Ich bin am Samstagabend weggegangen. 11. Tina ist um 16 Uhr angekommen. 12. Wann ist euer Bus abgefahren? 13. Ich bin um 10 Uhr angekommen. 14. Maria und Carlos sind umgezogen.

4 1. ● hast ○ bin 2. ● seid ○ hat 3. ● haben ○ habe 4. ● seid ○ sind 5. ● Hast ○ bin 6. ● haben ○ bin

5 1. bin … aufgestanden 2. bin … gegangen 3. habe geduscht. 4. hat … gefrühstückt 5. sind … gegangen 6. hat … hingebracht 7. ist … gefahren 8. habe … gelesen 9. habe … eingekauft 10. habe … angemacht 11. habe … gecheckt 12. habe … gekocht 13. sind … gekommen 14. haben … gegessen 15. hat … gemacht 16. hat … telefoniert 17. bin … geblieben

23 Vergangenheit: Präteritum von *haben* und *sein*

1 1. Ich hatte keine Zeit. 2. Wo war Herr Fischer? 3. War er im Deutschkurs? 4. Nein, er hatte einen Termin beim Arzt. 5. War Tina heute da? 6. Ja, sie hatte eine Besprechung mit Dr. Müller.

2 ● Der Unterricht ist langweilig und ich bin müde und die Testaufgaben sind zu schwer. ○ Wie viele Fehler hast du denn? ● Zu viele! Ich habe 20 Fehler. ○ Und Maria? Ist Maria im Kurs? ● Nein, deshalb ist es ja so langweilig! ○ Wo ist sie? ● Sie ist zu Hause. Sie hat Bauchschmerzen. Am Nachmittag ist sie beim Arzt.

24 Imperativ

1 2. Lern / Lernen Sie / Lernt nicht zu viel auf einmal. 3. Mach / Machen Sie / Macht öfter kleine Pausen. 4. Lern / Lernen Sie / Lernt mit einer Partnerin. 5. Üb(e) / Üben Sie / Übt gemeinsam Dialoge. 6. Sprich / Sprechen Sie / Sprecht Texte laut. 7. Wiederhol(e) / Wiederholen Sie / Wiederholt regelmäßig. 8. Lern / Lernen Sie / Lernt zu Hause selbstständig weiter. 9. Hör / Hören Sie / Hört viel Radio. 10. Lies / Lesen Sie / Lest viel Deutsch.

12. Schreib / Schreiben Sie / Schreibt bitte den Brief an Frau Throm. 13. Räum / Räumen Sie / Räumt bitte das Büro auf. 14. Komm / Kommen Sie / Kommt bitte zum Chef. 15. Hilf / Helfen Sie / Helft bitte der neuen Kollegin. 16. Mach / Machen Sie / Macht bitte das Licht an. 17. Mach / Machen Sie / Macht bitte den Computer aus. 18. Druck / Drucken Sie / Druckt bitte die E-Mails aus.

25 Zusammenfassung: Verbformen

1 1a - 2a - 3a - 4a - 5a - 6b - 7a - 8a - 9a - 10a - 11b - 12b - 13b - 14b - 15b - 16b - 17a - 18a - 19b - 20a - 21a - 22a - 23a - 24b - 25a - 26a - 27b - 28b - 29a - 30b - 31a - 32b - 33a

2 ist - hat - kann - gehen - entschuldigen

muss - weggehen - hat angerufen - hatte - liegt - Kannst - geben - komme

war - geht - arbeiten - haben - wollen - fliegen - besuchen - Seid - Wisst - habe - geschrieben - hat - geantwortet - muss - aufhören - kommen

26 Grammatik in Texten: Das Verb steht im Zentrum

1 Text 1
ist - bin - wohne - bin - habe - heißt - ist - heißt - ist - ist - arbeitet - lebe - komme - wohnen - ist

Text 2
Mein Name ist Boris Mischnik. Ich bin 30 Jahre alt. Ich wohne/lebe mit meiner Familie in Kaiserslautern. Meine Frau heißt Olga. Sie kommt/ist aus der Ukraine. Sie lebt/wohnt/ist seit 12 Jahren in Deutschland. Ihre Eltern wohnen/leben in Pirmasens und meine (wohnen) in Mannheim. Ich arbeite als Logistiker in einer Umzugsfirma.

Text 3
Ich heiße/bin Sarah Blomberg und bin 45 Jahre alt. Ich arbeite seit zwei Jahren bei SAP in Walldorf. Ich bin Informatikerin von Beruf. Ich komme/bin aus Schottland, aus Glasgow. Seit einigen Monaten habe ich einen Freund. Er wohnt/lebt in Heidelberg und arbeitet dort in der Universitätsklinik. Er ist Krankenpfleger.

27 Nomen und Artikel – Numerus: Singular und Plural

1

das Haus, die Häuser - die Wohnung, die Wohnungen - die Miete, die Mieten - das Schlafzimmer, die Schlafzimmer - das Bett, die Betten - die Küche, die Küchen - der Kühlschrank, die Kühlschränke - der Herd, die Herde - das Bad, die Bäder - die Dusche, die Duschen - der Balkon, die Balkone - der Garten, die Gärten

das Bein, die Beine - das Auge, die Augen - das Haar, die Haare - der Bauch, die Bäuche - die Hand, die Hände - der Fuß, die Füße - der Arm, die Arme - der Kopf, die Köpfe - das Fieber

die Bluse, die Blusen - die Hose, die Hosen - der Rock, die Röcke - die Jacke, die Jacken - der Pullover, die Pullover - der Mantel, die Mäntel

die Ankunft, die Ankünfte - die Abfahrt, die Abfahrten - die Auskunft, die Auskünfte - die Fahrkarte, die Fahrkarten - die Durchsage, die Durchsagen - der Bahnhof, die Bahnhöfe - das Gleis, die Gleise - der Eingang, die Eingänge - der Ausgang, die Ausgänge - der Aufenthalt, die Aufenthalte - das Gepäck, (die Gepäckstücke) - der Automat, die Automaten - der Ausflug, die Ausflüge

die Blume, die Blumen – der Baum, die Bäume

der Anfang, die Anfänge – das Ende, (die Enden)

die Bäckerei, die Bäckereien – das Geschäft, die Geschäfte – der Supermarkt, die Supermärkte – das Café, die Cafés – das Restaurant, die Restaurants

der Job, die Jobs – die Arbeit, die Arbeiten – der Arbeiter, die Arbeiter – der Arbeitsplatz, die Arbeitsplätze – der Beruf, die Berufe

der Morgen, die Morgen – der Mittag, die Mittage – der Abend, die Abende – der Tag, die Tage – die Nacht, die Nächte

die Kasse, die Kassen – das Geld, (die Gelder) – das Konto, die Kontos

das Mittagessen, die Mittagessen – der Fisch, die Fische – das Fleisch – das Gemüse, die Gemüse – die Kartoffel, die Kartoffeln

das Hobby, die Hobbys – das Glück – die Hilfe, die Hilfen – die Ausstellung, die Ausstellungen – das Bild, die Bilder – der Film, die Filme – die Karte, die Karten – der Eintritt, die Eintritte

der Absender, die Absender – der Empfänger, die Empfänger – das Datum, – die Adresse, die Adressen – die Einladung, die Einladungen – der Glückwunsch, die Glückwünsche – der Dank, – der Brief, die Briefe – die Briefmarke, die Briefmarken – der Briefkasten, die Briefkästen

das Frühstück – das Ei, die Eier – die Butter – das Brot, die Brote – das Brötchen, die Brötchen – der Kaffee

die Firma, die Firmen – das Angebot, die Angebote – die Antwort, die Antworten – der Kunde, die Kunden

das Internet – der Computer, die Computer – der Bleistift, die Bleistifte – das Papier, die Papiere – das Telefon, die Telefone – der Anruf, die Anrufe – das Handy, die Handys

das Hotel, die Hotels – die Anmeldung, die Anmeldungen – die Information, die Informationen – der Ausweis, die Ausweise – der Gast, die Gäste – die Gruppe, die Gruppen

der Hunger, – der Durst, – das Getränk, die Getränke – die Flasche, die Flaschen – das Glas, die Gläser

das Obst, – der Apfel, die Äpfel – die Banane, die Bananen – die Birne, die Birnen

der Geburtstag, die Geburtstage – die Feier, die Feiern – das Geschenk, die Geschenke – das Buch, die Bücher

die Heimat – das Dorf, die Dörfer – die Stadt, die Städte

28 Nomen und Artikel – Kasus: Nominativ und Akkusativ

2 1c/f – 2e – 3d – 4b – 5g – 6h – 7a – 8c/f

3 1. die, die 2. der, einen 3. das, das 4. der, einen 5. die, eine 6. das, ein 7. der, einen 8. das, das 9. der, einen 10. das, das

4 1. ein, das 2. die 3. einen 4. den, die 5. einen 6. einen, eine 7. die 8. einen 9. einen 10. ein 11. einen 12. ein 13. einen 14. ein 15. den

29 Artikelwörter (1): *dieser, dieses, diese – welcher, welches, welche*

1 1. ● Welcher ○ diesen 2. ● Welchen ○ diesen 3. ● Dieses ○ Welche 4. ● welche ○ diesen 5. ● Welchen ○ Dieser 6. ● Welcher, dieser ○ Dieser 7. ● Welche ○ diesen

30 Artikelwörter (2): *kein, mein/dein …*

1 Ihre Wohnung L+H – Ihre Wohnung L+H – ihre Eltern L – unserer neuen Wohnung L+H – deine Eltern H – eure neue Telefonnummer L+H – unser Telefon L+H – meine Handynummer H – eure Waschmaschine L+H – unsere Waschmaschine L+H – seine Hose H

Familie
1. Meine – Unsere – Unser – Seine – seinen – Unsere – ihre
2. ● deine/Ihre ○ Meine, Mein 3. ● deinen ○ Meinen
4. ● Ihre ○ ihre 5. ● seine ○ ihren

In der Firma
1. ● dein ○ Mein 2. ● Unsere ○ Eure ● Unser 3. ○ meinen
4. ○ meine 5. ihren 6. ● seinen ● sein, ihrem

31 Indefinita: *alle, viele, man …*

1 2. Viele 3. nichts 4. Viele 5. etwas, man 6. viel 7. man 8. welche

2 2. In Deutschland sind viele Menschen arbeitslos und bekommen nur wenig Hilfe. 3. Alle Jugendlichen müssen in Deutschland in die Schule gehen. 4. Ohne Ausbildung sind die Jobs schlecht. Man muss viel arbeiten und man verdient wenig. 5. Viele Schüler arbeiten und verdienen etwas Geld.

32 Personalpronomen

1 1. ○ mir, Ihnen ● mir 2. ● dir, mir 3. ● euch ○ uns ● ihr, sie 4. ● Sie ○ Sie, mir ● Ihnen 5. ● ihn ○ ihr 6. ● euch ○ uns, er, uns ● ihr, mich

33 Pronomen im Text

1 ihr (V/M) – Ihnen (V/M/A) – mir (V) – ihm (V) – ihm (V) – Mir (M) – Ihnen (V) – dir (M) – mir (V) – Ihnen (V) – uns (M/V) – dich (V) – dir (V) – sie (M) – euch (V/M) – uns (V/M/A) – mich (M) – Ihnen (A oder V/M/A)

34 Präpositionen und Kasus

1 1. seit, bei 2. Im, nach 3. Von, bis 4. Nach, bei 5. nach 6. von, bis 7. um, bis 8. ab

1. ● zum ○ mit 2. in 3. ● nach ○ mit 4. Ab 5. vom, bis zum 6. ohne, mit 7. bis zur 8. nach

35 Präpositionen: temporal (Zeit)

1 1. um/ab/bis 2. am 3. über 4. für 5. zum 6. von – bis 7. vor 8. im 9. ab 10. nach 11. seit 12. am

36 Präpositionen: lokal (Ort) und modal (Art und Weise)

1 2. mit 3. bei 4. nach 5. aus 6. ● mit ○ mit 7. Zwischen 8. in, auf 9. auf 10. über 11. ● an, vor ○ vor

2 1a – 2c – 3b – 4g – 5d – 6f – 7h – 8e

3 ○ auf, neben ● in
○ im, unter ● unter
● im ○ zwischen, neben ● im

37 Wechselpräpositionen: Ort (Dativ) oder Richtung (Akkusativ)

1 1. in das Glas – im Glas 2. an den Tisch – am Tisch 3. auf den Tisch – auf dem Tisch 4. in die Vase – in der Vase

2 1. den 2. im 3. ● ins ○ dem 4. im, den 5. das, ins

38 Zusammenfassung: Artikelwörter, Pronomen, Präpositionen

1 1. ● Welchen, Dieser, dieser 2. Dieser 3. ● Welche ○ Diese 4. ● Diese ○ Welches/Welche 5. ● Welcher ○ Dieser 6. ● Diesen ○ Welche 7. ● diese ○ Welche 8. Diese 9. Welche 10. ● Welches ○ Dieses 11. Welche 12. Welche

2 2. ● deine ○ meine, Ihre 3. ● unsere ○ mein 4. ● deinen ○ Mein 5. ● euer ○ unsere, ihren 6. ● deine, dein ○ meine, seine 7. ● deine ● Unsere, ihrer

3 1. Alle 2. viele 3. wenig 4. alle 5. Viele, wenig, alle 6. wenig 7. ● alle ○ alle, viele 8. wenig

4 1. ● alles, etwas ○ alles 2. ● etwas ○ nichts, viel 3. etwas 4. welche 5. welches 6. viel/alles 7. etwas 8. ● etwas/viel/alles ○ nichts

5 1. mir 2. er, ihn 3. ● Ihr ○ euch, wir 4. ● du, dich ○ dir 5. ● es ○ es 6. sie 7. ● du ○ ich, sie 8. Mir

6 1. mit, in 2. zu 3. in, in 4. seit 5. vor, im 6. im, in 7. Von, nach, mit

7 1. an der 2. ins 3. auf dem 4. in den

39 Zusammenfassung: Grammatiktraining A1

1 1c - 2c - 3c - 4c - 5a - 6b - 7a - 8c - 9b - 10b - 11a - 12b - 13a - 14b - 15a

2 1. Lieber Tom, unser Sprachkurs hat 14 Teilnehmer. 2. Wir kommen aus acht verschiedenen Ländern. 3. Und wir sprechen zwölf Sprachen. 4. Der Kurs geht von 9.00 bis 13.00 Uhr. 5. Am Nachmittag kann man am Computer lernen. 6. Wir bekommen viele Lerntipps. 7. „Machen Sie nach einer halben Stunde eine Pause!" 8. Oder: „Sie müssen nicht alles perfekt machen!" 9. Um 10.30 Uhr machen wir eine Pause. 10. Dann gibt es Kaffee, Tee und Sandwichs. 11. Nächste Woche organisieren wir ein Kursfest, 12. aber zuerst schreiben wir einen Test. Viele Grüße, deine Maria.

3 a2 - b3 - c5 - d13 - e6 - f7 - g1 - h8 - i9 - j10 - k11 - l12 - m4

4 Wann besuchst mich du (1) endlich in Hamburg? Das ist schwer von (2) einer fremden Stadt. Meine Arbeit macht mir viel Spaß und sind (3) die Kollegen sehr nett. Ich bin jeden Tag bis 16 Uhr in die (4) Firma. In den ersten Wochen habe ich meinen Stadtteil kennen gelernt: Wo kann man günstig kaufen ein (5)? Gibt (6) ein Fitnessstudio in der Nähe? Fünf Minuten von meiner Wohnung entfernt ist ein Park, da ich jogge (7) jetzt immer nach der Arbeit. Eine gemütliche Kneipe habe ich auch schon findet (8), aber meistens bin ich in meiner Freizeit alleine und freue (9) auf meine Arbeit am nächsten Tag. Bitte kommen (10) bald!
1. besuchst du mich 2. in einer fremden Stadt 3. und die Kollegen sind sehr nett 4. in der Firma 5. günstig einkaufen 6. Gibt es 7. da jogge ich 8. gefunden 9. und freue mich auf 10. komm

5 b1 - c6 - d9 - e2/12 - f4 - g10 - h5 - i7 - j2/12 - k3 - l11

Bildquellenverzeichnis

Getty Images, München: 9, 9, 16 (Drazen_); 12 (Musketeer); 13 (demaerre); 20.1 (GlobalStock); 20.2 (Alistair Berg); 25.1 (LightFieldStudios); 25.2 (Boarding1Now); 25.3 (Cineberg); 25.4 (Wavebreakmedia); 25.5 (luissantos84); 33.1 (South_agency); 33.3 (Image Source); 35 (Geber86); 38 (Detailfoto); 41.3 (Aaron Foster); 44 (diego_cervo); 45 (DaniloAndjus); 49.2 (jeff1farmer); 49.3 (MLiberra); 53.1 (blackred); 53.2 (FatCamera); 58 (fotostorm); 60.1 (sunstock); 60.2 (EMPPhotography); 65 (Kathleen Finlay); iStockphoto, Calgary, Alberta: 5 (Squaredpixels); 7.1 (itchySan); 7.2 (PortiadeCastro); 48.1 (okeyphotos); 48.2 (blackjake); 48.3 (deepblue4you); 57 (skynesher); Shutterstock, New York: 4.1 (Milles Studio); 4.2 (ESB Professional); 4.3 (Y Photo Studio); 4.4 (Noppasin Wongchum); 4.5 (Rainer Lesniewski); 6 (altafulla); 8 (Viktar Malyshchyts); 10 (Goran Bogicevic); 17 (sukiyaki); 26 (gyn9037); 27.1 (vvoe); 27.2 (YanLev); 30 (Daxiao Productions); 31.1 (Art Konovalov); 31.2 (maradon 333); 33.2 (Africa Studio); 37 (Monkey Business Images); 39.1 (Jopics); 39.2 (sirtravelalot); 41.1 (Dudarev Mikhail); 41.2 (l i g h t p o e t); 49.1 (donatas1205); 50 (Angela Aladro mella); 52 (Adam Gregor); 55 (ALPA PROD); 59 (Maridav); 72 (harlowbutler)